英語的発想の日本語をヒントにして覚える

# 英作文 基本 300 選

〈5訂版〉

飯田康夫 著

駿台文庫

# は じ め に

　英語を学ぶときには，いわゆる「4技能」をバランスよく伸ばすことが大切とはいえ，**外国語である以上**，「**読めないことは聴けない，書けないことは話せない**」のは否定しようがなく，それを考えれば，まずは「**読めて書ける**」ようにしていかなくてはいけませんが，その基礎で土台となるのが「**文法**」であるのは間違いありません。

　しかし英語は，「**母語である日本語**」のように四六時中その中にどっぷり浸かって「文法」を意識することなく**自然に習得できる**わけではないので，「**文法**」を意識的に学ぶことによって**限られた時間で効率よく学習する**必要があります。

　「文法」といえば，多数の学習者が，基本の「**文法書**」を読むことなく，「**単語集**」で「**単語**」の訳語だけを覚え，いわゆる「**文法問題集**」を何度も繰り返して（肝心の「**文法**」ではなく）「**答え**」を覚えるという甚だ**不健全で非効果的な**勉強に終始していますが，それでは「**読めない，書けない**」，ましてや「**聴けない，話せない**」という「**0技能**」，それどころか「**文法問題すら満足に解けない**」という状況に陥ってしまいます。

　英語の学習者としてそうした不幸に陥らないように，そして逆に「**読めるから聴ける，書けるから話せる**」という「4技能」の健全な英語力を伸ばすためには，「**単語**」という断片ではなく常に「**文単位**」で考えることを習慣づけるべく，まずは「**文法書**」の通読によって得る**基礎知識**をもとに数多くの「**英短文**」を音声も含めて確実に覚えて使えるようにしていくこと，そして学習の過程では「**辞書**」（主として**英和**）をまめに引いて記事を**貪欲に読む**こと，それに**勝る効果的な方法**はないと断言できます。

　言い換えれば，①まず読んで学ぶべきなのは「**文法問題集**」ではなく「**文法書**」，②日常的に主として用いるべきなのは「**単語集**」ではなく「**辞書**」，そして③何をおいてもぜひ覚えるべきなのは「**英単語**」ではなく「**英短文**」ということになります。

# 本書の特長と使い方

　文法項目別に整理して掲載した本書の 300 の「英短文」は，英語と日本語の「発想の違い」をはっきり認識しつつ，「文法」をしっかり理解しながら，「音声」も含めて覚えていく必要がありますが，具体的には，

　**1**　左ページの「日本文」
　**2**　右ページの「英文（＋英語の発想を反映させた直訳調の和訳文)」
　**3**　左右両ページ下段の「文法チェック」

の 3 つをセットで活用し，それに加えてダウンロードした「音声」を繰り返し聴いて「発音」を模倣することによって完璧に習得することができます。

　また，巻末には付録として，著者が 40 余年の駿台予備学校講師歴の中で培った「英文法の重要 10 項目」について，「他所では聞けない」と自負するとっておきの話を披露した「英文法道場」のページをつけてあります。

　本書が，このたび音声を収録した CD の添付からダウンロード式に変更するのを契機に 5 訂版を刊行できることになったのは至上の喜びと言うほかはありません。その作成にあたって多大なるご支援をいただいた，明法中学・高等学校 教諭 新井 良雄 先生（内容のチェック），開成中学校・高等学校 教諭 Travis Holtzclaw 先生（英文のチェック），Hannah Grace さん（英文のナレーション），駿台文庫編集部の上山 匠さん，平川 紗耶さんを始めとする皆さんに，この場を借りて心よりお礼を申し上げます。

2023 年 9 月　著者

# 目　次

# 本 書 の 構 成

　本書は，以下に示す通り，左右見開きページを効果的に使うことにより「日本語と英語の発想の違い」を意識しながら英文を覚えることができるようにしてあります。反復練習によって英語の感覚が研ぎ澄まされていくことは間違いありません。

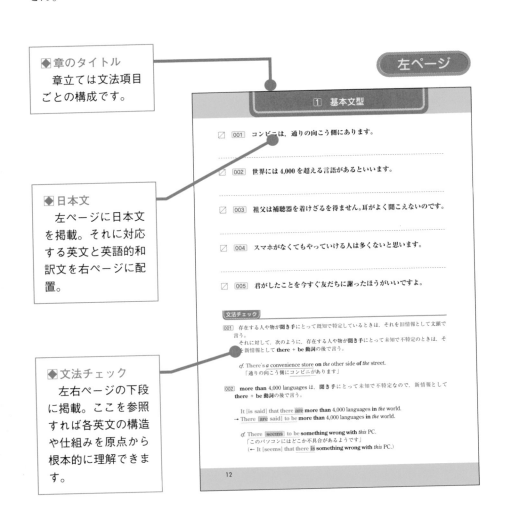

◆章のタイトル
　章立ては文法項目ごとの構成です。

◆日本文
　左ページに日本文を掲載。それに対応する英文と英語的和訳文を右ページに配置。

◆文法チェック
　左右ページの下段に掲載。ここを参照すれば各英文の構造や仕組みを原点から根本的に理解できます。

左ページ

### ① 基本文型

☑ 001　コンビニは，通りの向こう側にあります。

☑ 002　世界には 4,000 を超える言語があるといいます。

☑ 003　祖父は補聴器を着けざるを得ません。耳がよく聞こえないのです。

☑ 004　スマホがなくてもやっていける人は多くないと思います。

☑ 005　君がしたことを今すぐ友だちに謝ったほうがいいですよ。

**文法チェック**

001　存在する人や物が聞き手にとって既知で特定しているときは，それを旧情報として文頭で言う。
　　　それに対して，次のように，存在する人や物が聞き手にとって未知で不特定のときは，それを新情報として there + be 動詞の後で言う。

　　*cf.* There's *a* convenience store **on** *the* other side **of** *the* street.
　　「通りの向こう側にコンビニがあります」

002　more than 4,000 languages は，聞き手にとって未知で不特定なので，新情報として there + be 動詞の後で言う。

　　It [is said] that there are more than 4,000 languages in *the* world.
　　→ There [are said] to be more than 4,000 languages in *the* world.

　　*cf.* There [seems] to be something wrong with *this* PC.
　　「このパソコンにはどこか不具合があるようです」
　　(← It [seems] that there is something wrong with *this* PC.)

12

◆例文番号＝音声のファイル番号
　例文番号は音声のファイル番号と対応しています。1ファイルに1つの英文が，1回読みで収録されています。

右ページ

001 *The* convenience store is **on** *the* other side of *the* street.
　（そのコンビニは，通りのもう一方の側にある）

002 There are said to be **more than** 4,000 languages **in** *the* world.
　（世界には 4,000 より多くの言語があると言われる）

003 *My* grandfather **has to wear** hearing aids. He can't hear well.
　（私の祖父は，補聴器を着用しなくてはいけない。彼は（耳が）よく聞こえない）

004 I **don't think many** people could do without *their* smartphones.
　（私は思わない，多くの人が自分のスマートフォンがないとしてもやれるだろうと）

005 You should apologize to *your* friend right away for **what** you did.
　（君は，君がしたことで君の友だちにただちに謝るべきである）

◆英文
　語法の上で特に注意を要するものは太字体，また冠詞などについてはこだわって斜体としました。

003 「補聴器（←聞くことのための補助器具）」は左右で一組の場合は hearing aids と複数形にする。
　　hear well 「よく聞こえる」は，hear の自動詞としての用法。
　　see well 「よく見える」，cut well 「よく切れる」，sell well 「よく売れる」なども同タイプ。

　　*cf.* These scissors don't cut well. **Do** you have *any* sharper ones?
　　　「このハサミはよく切れません。もっと切れるのはありますか」

004 「…がなくてもやっていける」は，do を自動詞として用いて can do without ... 「…なしでやれる」となるが，ここは「もし仮に…がないとしてもやれるだろう」という推量の仮定法で could do without ... とするのがよい。

　　また，「…は多くないと思う」は I think (that) **not** many ... と言えなくはないが，ふつうは否定を前に出して I **don't think** (that) many ... と言う。

005 **apologize** は自動詞で，apologize (to somebody) (for something) 「（誰かに）（何かのことで）謝る」。

◆英語的和訳文
　英文の構造に忠実な和訳文によって，「英語的発想」を認識できる仕組みです。

13

7

## ◀ダウンロード音声の使い方▶

**1** 　下記アドレスまたは二次元コードより駿台文庫ダウンロードシステムへアクセスし，認証コードを入力して「**サービスを開始する**」ボタンを押してください。

https://www2.sundai.ac.jp/yobi/sc/dllogin.html?bshcd=B3&loginFlg=2

※駿台文庫サイト内の当書籍のページにもリンクがあります。

認証コード： B3 – 96111577

**2** 　コンテンツの「選択」にチェックを入れ，「**ダウンロードを実行**」ボタンを押してください。全例文の音声が，zip ファイルで一括ダウンロードされます。

　【圧縮ファイル名】　E112800_B3.zip

　1 例文ずつダウンロードしたい場合は，「**ファイル単位選択・ダウンロード画面へ**」ボタンを押してください。一覧から個別に MP3 ファイルをダウンロードすることができます。

　※一括ダウンロードとファイル単位ダウンロードの収録内容は同一です。

　【ファイル単位名称例】
　001_eisakubun300sen.mp3
　　└音声のファイル番号 = 例文番号

**3** 　データはお持ちのデバイスや音楽ソフトに取り込んでご利用ください。使用方法は，「コンテンツのダウンロード」ページの「**ダウンロードした音声の使い方**」からご確認ください。

---

・音声は MP3 データでご提供しております。Windows Media Player や iTunes などのソフトで再生することができます。モバイル端末でのご利用は，PC でダウンロードしていただいたうえで iTunes 等で取り込んでいただくと便利です。
・zip 圧縮形式ファイルには解凍ソフトが必要です。スマートフォンからダウンロードした場合は，ファイル管理機能の付いた解凍アプリ（一例：「ファイルマネージャー」(Android)，「Documents」(iOS) 等）をご利用ください。
・モバイル端末でダウンロードする際の通信料は利用者負担となります。Wi-Fi 環境下でのご利用を推奨します。

## ◆本書で用いた記号一覧◆

| 記　　号 | 意　　味 |
|---|---|
| S ＝ Subject | 主語 |
| V ＝ Verb | 動詞 |
| O ＝ (Direct) Object | （直接）目的語 |
| O´ ＝ (Indirect) Object | （間接）目的語 |
| o ＝ object | （前置詞の）目的語 |
| C ＝ Complement | 補語 |
| M ＝ Modifier | 修飾語 |
| to ～ | to 不定詞 |
| (to) ～ | （to 不定詞または）原形 |
| ～ ing | 現在分詞または動名詞 |
| p.p. ＝ past participle | 過去分詞 |
| *cf.* ＝ confer | 参照 |

# 文法用語集

| | |
|---|---|
| **可算名詞** | 数えることができる名詞で，**単数形に不定冠詞**（*a* / *an*）をつけたり，**複数形で用いたり**することができる。（例）*a* book / *two* books（⇒**不可算名詞**） |
| **仮主語構文** | 主語の位置に**仮の主語**として **it** を用いて，真の主語が後続の **to 不定詞句**，**that 節**，**疑問詞節**などである文。（⇒**仮目的語構文**） |
| **仮目的語構文** | 目的語の位置に**仮の目的語**として **it** を用いて，真の目的語が後続の **to 不定詞句**，**that 節**，**疑問詞節**などである文。（⇒**仮主語構文**） |
| **帰結節** | 仮定法の **if** 節による仮定のもとでの**結果**を表す節で，「**助動詞の過去形**（**would** / **might** / **could**）+ **原形**」や「**助動詞の過去形**（**would** / **might** / **could**）+ **have p.p.**」の形になる。 |
| **原形** | 現在形や過去形のもととなる動詞の形。例えば **be** は**原形**で，**am** / **is** / **are** は**現在形**，**was** / **were** は**過去形**。 |
| **限定用法** | **修飾語**として名詞を説明する**形容詞**の用法。例えば *an* expensive car「高価な車」における **expensive** がそれにあたる。（⇒**叙述用法**） |
| **自動詞** | 目的語を伴わない動詞。（⇒**他動詞**） |
| **修辞疑問** | 反語の働きをする疑問文。例えば **Who knows?**「誰が知っていようか」は，**No one knows.**「誰も知らない」に代わる**修辞疑問**になり得る。 |
| **準主格補語** | **完全文**の後に加わったオマケの**補語**。例えば He **died** young.「彼は若くして亡くなった」における young がそれにあたる。 |
| **準否定** | 否定に準じるもの。例えば，not に対する **hardly** / **scarcely**，never に対する **seldom** や **hardly ever**，no / none に対する **little** や **few** など。 |
| **叙述用法** | **補語**として名詞を説明する**形容詞**の用法。例えば He is still alive.「彼はまだ生きている」（**SVC** の **C** として **S** を説明）/ They **caught** *a* lion alive.「彼らはライオンを生け捕りにした」（**SVOC** の **C** として **O** を説明）における **alive** がそれにあたる。（⇒**限定用法**） |
| **制限用法** | **先行詞**について意味を**限定**する関係詞の用法で，先行詞と関係詞節との間にコンマ（comma）を入れない。（⇒**非制限用法**） |
| **先行詞** | 関係詞節に「**先行する詞**」で，関係詞節による説明を受ける語句や文のこと。 |

| | |
|---|---|
| 代動詞 | 動詞の反復を避けるために用いる **do / does / did** のこと。例えば，He **earns** much **more** money **than** I **do**.「彼は私より稼ぎがずっと多い」における **do**（= earn）や，*His* wife **speaks** English **better than** he **does**.「彼より奥さんのほうが英語を話すのがうまい」における **does**（= **speaks** English）のようなもの。 |
| 代不定詞 | **to 不定詞**を含む表現の反復を避けるために，**to**（一般の動詞）/ **to be**（be 動詞）/ **to have**（完了形：**to have p.p.** の代わり）だけで済ませたもの。 |
| 他動詞 | 目的語を伴う動詞。（⇒ **自動詞**） |
| 定冠詞 | *the* のこと。（⇒ **不定冠詞**） |
| 同格名詞節 | 先行する名詞を説明するための名詞節。例えば the fact **that SV ...**「S が V…するという事実」における **that SV ...** が，*the* fact を説明するための**同格名詞節**ということになる。 |
| 独立所有格 | *my* car に代わる **mine** や *Tom's* car に代わる **Tom's** のように，「所有格＋名詞」に代わる働きをするもの。 |
| 被害の受け身 | 「**have ＋目的語＋過去分詞**」の形で「O を C される」という意味を表すもの。（例）I **had** *my* passport **stolen** yesterday.「私は昨日パスポートを盗まれた」 |
| 非制限用法 | **先行詞**について**追加説明**する関係詞の用法で，先行詞と関係詞節の間にコンマ（comma）が入る。（⇒ **制限用法**） |
| 不可算名詞 | 数えることができない名詞で，**不定冠詞**（a / an）をつけることも，**複数形**にすることもできない。（例）advice / information（⇒ **可算名詞**） |
| 不定冠詞 | *a / an* のこと。（⇒ **定冠詞**） |
| 分詞形容詞 | **現在分詞**や**過去分詞**が形容詞に転じたもの。（例）an **exciting** game「熱狂的な試合」/ **excited** spectators「熱狂した観客」 |
| 分詞構文 | 動詞を修飾するための**副詞**の働きをすると考えられる**現在分詞**や**過去分詞**の句。例えば，**Seen from** *a* distance, *the* huge rock **looked like** *a* human face.「遠くから見ると，その巨大な岩はまるで人間の顔のように見えた」における **Seen from** *a* distance がそれにあたる。 |
| 無冠詞 | 名詞に**冠詞**（a / an / the）をつけないこと。 |

☑ [001] **コンビニは，通りの向こう側にあります。**

- - - - - - - - - - - - - - - - - - - - - - - - - - - - - - - - - - - - - - - - - - - - - - - - - -

☑ [002] **世界には 4,000 を超える言語があるといいます。**

- - - - - - - - - - - - - - - - - - - - - - - - - - - - - - - - - - - - - - - - - - - - - - - - - -

☑ [003] **祖父は補聴器を着けざるを得ません。耳がよく聞こえないのです。**

- - - - - - - - - - - - - - - - - - - - - - - - - - - - - - - - - - - - - - - - - - - - - - - - - -

☑ [004] **スマホがなくてもやっていける人は多くないと思います。**

- - - - - - - - - - - - - - - - - - - - - - - - - - - - - - - - - - - - - - - - - - - - - - - - - -

☑ [005] **君がしたことを今すぐ友だちに謝ったほうがいいですよ。**

---

**文法チェック**

[001]　存在する人や物が**聞き手にとって既知で特定**しているときは，それを**旧情報**として文頭で言う。

　　それに対して，次のように，存在する人や物が**聞き手にとって未知で不特定**のときは，それを**新情報**として **there ＋ be 動詞**の後で言う。

　　*cf.* There's *a* convenience store **on** *the* other side **of** *the* street.
　　　「通りの向こう側にコンビニがあります」

[002]　**more than** 4,000 languages は，**聞き手にとって未知で不特定**なので，新情報として **there ＋ be 動詞**の後で言う。

　　It [is said] that there are more than 4,000 languages **in** *the* world.
　→ There [are said] to be **more than** 4,000 languages **in** *the* world.

　　*cf.* There [seems] to be **something wrong with** *this* PC.
　　　「このパソコンにはどこか不具合があるようです」
　　　（← It [seems] that there is something wrong with *this* PC.）

**001** *The* convenience store **is** **on** *the* other side **of** *the* street.
（そのコンビニは，通りのもう一方の側にある）

--------------------------------------------------

**002** There are said to be **more than** 4,000 languages **in** *the* world.
（世界には 4,000 より多くの言語があると言われる）

--------------------------------------------------

**003** *My* grandfather **has to wear** hearing aids．He **can't hear well**.
（私の祖父は，補聴器を着用しなくてはいけない。彼は（耳が）よく聞こえない）

--------------------------------------------------

**004** I **don't think many** people **could do without** *their* smartphones.
（私は思わない，多くの人が自分のスマートフォンがないとしてもやれるだろうと）

--------------------------------------------------

**005** You **should apologize to** *your* friend right away **for** **what** you **did**.
（君は，君がしたことで君の友だちにただちに謝るべきである）

---

**003** 「補聴器（←聞くことのための補助器具）」は左右で一組の場合は hearing aids と複数形にする。

　　hear well「よく聞こえる」は，hear の**自動詞**としての用法。
　　see well「よく見える」，cut well「よく切れる」，sell well「よく売れる」なども同タイプ。

　　*cf. These* scissors **don't cut well**．**Do** you **have** *any* sharper **ones**?
　　　「このハサミはよく切れません。もっと切れるのはありますか」

**004** 「…がなくてもやっていける」は，do を**自動詞**として用いて **can do without ...**「…なしでやれる」となるが，ここは「もし仮に…がないとしてもやれるだろう」という趣旨の**仮定法**で **could do without ...** とするのがよい。

　　また，「…は多くないと思う」は I **think** (**that**) **not** many ... と言えなくはないが，ふつうは**否定**を前に出して I **don't think** (**that**) many ... と言う。

**005** apologize は**自動詞**で，**apologize** (**to** somebody) (**for** something)「（誰かに）（何かのことで）謝る」。

☑ 006 　患者が亡くなったのはなぜか，依然として大きな謎である。

- - - - - - - - - - - - - - - - - - - - - - - - - - - - - - - - - - - - - - - - - - -

☑ 007 　暑いときには，牛乳は冷蔵庫に入れておかないとすっぱくなる。

- - - - - - - - - - - - - - - - - - - - - - - - - - - - - - - - - - - - - - - - - - -

☑ 008 　仰<sup>おっしゃ</sup>っていることは,話がうますぎてとても本当には聞こえません。

- - - - - - - - - - - - - - - - - - - - - - - - - - - - - - - - - - - - - - - - - - -

☑ 009 　ウナギは見た目がヘビみたいだからという理由で苦手な人もいる。

- - - - - - - - - - - - - - - - - - - - - - - - - - - - - - - - - - - - - - - - - - -

☑ 010 　ゾウは鼻が長く，ウサギは耳が長い。

## 文法チェック

006 　... **is** *a* big mystery.「…は大きな謎<u>である</u>」→ ... **remains** *a* big mystery.「…は大きな謎<u>である</u>ままである」(SVC)。

　　*cf.* **All** *his* life he **remained poor**.「生涯を通して彼は貧しかった」(× poverty)

007 　**go** は，後ろに一部の「好ましくない状態」を表す**形容詞**を伴って「…という (好ましくない) 状態になる」ことを，また **come** は，後ろに一部の「好ましい状態」を表す**形容詞**を伴って「…という (好ましい) 状態になる」ことを言う。

　　*cf.* I **hope** *that* dream *of yours* **will come true** someday.
　　「君のその夢がいつの日か実現するといいですね」

008 　五感の1つである**聴覚**を表す **sound** は，主格補語 (SVC の C) として**形容詞**や (前置詞＋目的語という形の) **形容詞句**を伴って「…に聞こえる」という意味を表す。

　　*cf.* That **sounded like** *a* demand.「それはまるで催促のように**聞こえた**」
　　(**like** *a* demand は「催促に似ている」という意味の**形容詞句**)

006 *The* cause **of** *the patient's* death **remains** *a* big **mystery**.
（その患者の死の原因は，大きな謎であるままである）

---

007 **In** hot weather, milk **goes sour if** it **is not kept in** *the* refrigerator.
（暑い天気の中では，牛乳は冷蔵庫に保存されなければすっぱくなる）

---

008 **What** you **are saying** sounds **too** good **to be** true.
（あなたが言っていることは本当であるにはよすぎるように聞こえる）

---

009 **Some** people **don't like eels because** they **look like** snakes.
（一部の人々はウナギを好まない。それらがヘビに似ているように見えるので）

---

010 *An* elephant **has** *a* long trunk, **and** *a* rabbit **has** long ears.
（ゾウは長い鼻を持っており，ウサギは長い耳を持っている）

---

009 **視覚**を表す **look** が**主格補語** (SVC の C) として **like** snakes という**形容詞句**を伴って「ヘビに似ているように見える」という意味を表す。以下は他の 3 つの感覚の場合。

cf. (i) *This* cloth **feels** smooth.「この布は肌触りが滑らかである」（**触覚**）
(ii) *These* roses **smell** lovely.「このバラはいい香りがする」（**嗅覚**）
（**名詞** love に ly の**語尾**を伴う **lovely** は，副詞ではなく**形容詞**）
(iii) *This* candy **tastes** slightly of mint.「この飴は少しミントの味がする」（**味覚**）
（**of** mint は「ミントの」にあたる**形容詞句**）

010 ゾウの「鼻」は nose ではなく，形が似ている「木の幹」と同じ trunk という語を用いる。

**不特定単数**の *An* elephant と *a* rabbit は，それぞれ「任意の各 1 頭のゾウ」，および「任意の各 1 羽のウサギ」のことであって，「特定の 1 頭のゾウ」や「特定の 1 羽のウサギ」のことではない。

また，ここは「ゾウの鼻」や「ウサギの耳」が主題ではないので，それを主語にして *An elephant's* trunk **is** long, **and** *a rabbit's* ears **are** long. とはしない。

☑ 011 友人のタクミは一昨年大学を卒業して，この３月に私の妹と結婚しました。

---

☑ 012 このたびの台風で，その地方の稲作に深刻な被害がありました。

---

☑ 013 ずいぶん眠そうですね。コーヒーの１杯も飲めば，きっと目が覚めますよ。

---

☑ 014 音楽がうるさくて，昨夜はあまり眠れませんでした。

---

☑ 015 子どもの頃，叔父はよく私の勉強を見てくれました。

---

## 文法チェック

011　graduate from ...「…を卒業する」は「を」でも自動詞，そして marry somebody「（誰かと）結婚する」は「と」でも他動詞。
　「…と」，「…に」，「…について」などの字面から自動詞と誤解されやすい他動詞には，ほかに approach ...「…に近づく」/ attend ...「…に出席する」/ discuss ...「…について話し合う」(talk about ...) / enter ...「…に入る」(go into ... / come into ...) / follow ...「…に従う」/ mention ...「…について言及する」/ obey ...「…に服従する」/ reach ...「…に到達する」(get to ...) / resemble ...「…に似ている」などがある。

> cf. (i) "Thank you very much." "Don't mention it."
> 　　「ありがとうございます」「どういたしまして（←それについて言及するな）」
> 　(ii) He was absolutely exhausted by the time he reached the mountain lodge.
> 　　「彼は，山小屋に着いたときにはすでにすっかり疲れ果てていた」

012　台風の発生時にはまだ存在しない damage は「与える（give）」ものではなく，被災地で「引き起こす（cause）」か「及ぼす（do）」かするものと考えるとよい。

> cf. The recent typhoon did serious damage to the rice crop in that region.

**011** *My* friend Takumi **graduated from** college *the* year **before** last **and married** *my* sister *this* March.

（私の友人，タクミは去年の前の年に大学を卒業し，この３月に私の妹と結婚した）

---

**012** *The* recent typhoon **caused** serious **damage to** *the* rice crop **in** *that* region.

（その最近の台風は，その地域の稲作に深刻な害を引き起こした）

---

**013** You **look** rather sleepy. **I'm sure** *a* **cup of** coffee **will wake** you **up**.

（あなたはかなり眠そうに見える。私はきっと１杯のコーヒーがあなたを目覚めさせるだろうと思う）

---

**014** *The* loud music **kept** me **from getting** **much** sleep last night.

（昨夜，その大音量の音楽が，私を多量の睡眠を取ることから阻止した）

---

**015** **When** I **was** *a* child, *my* uncle often **helped** me **with** *my* studies.

（私が子どもだった頃，私の叔父はしばしば私を私の勉強で手伝ってくれた）

---

**013** **wake** somebody **up**「誰かを**目覚めさせる**」では**他動詞**でも，**wake up**「目覚める」という**自動詞**の用法もある。

　　*cf.* I **woke up** *this* morning **to find** *the* whole place **covered with** snow.
　　「今朝私が目覚めると，あたり一面が銀世界だった」

**014** **keep ... from ～ing**（**prevent ... from ～ing / stop ... from ～ing**）は，「…を～することから阻止する」，つまり「…が～することができないようにする」。

　　*cf.* *The* heavy rain **prevented** us **from going** out yesterday.
　　「昨日は大雨のために私たちは外出できなかった」

**015** **help** (somebody) **with** something で「（誰かを）何かで手伝う」，つまり「（誰かの）何かを手伝う」となるが，手伝う相手を示さない言い方もできる。

　　*cf.* *My* daughter **usually** helps **with** *the* housework.
　　「いつも娘が家事を手伝ってくれます」

☑ 016 テレビの天気予報によれば，今日の午後は雨とのことです。

☑ 017 **上野さんご夫妻が今夜，私の誕生会に来てくださるといいな。**

☑ 018 **ご都合がつき次第お返事をいただければありがたいのですが。**

☑ 019 **昨日なぜ来られなかったのか，理由を私に説明してください。**

☑ 020 **私はあの人（男性）に少し借金があって，週末までに返済しなくてはいけません。**

## 文法チェック

016 「昨日の午後」は yesterday afternoon,「明日の午後」は tomorrow afternoon でも，「今日の午後」は *this* afternoon であって，today afternoon ではない。
また，「…によれば」に **according to** ... を用いるのは硬い言い方。

 *cf.* According to *the* weather report **on** TV, **it is going to rain** *this* afternoon.

017 hope の目的語となる that 節（that は省略することが多い）では，未来を表すときには，口語では will ～ の代わりに，しばしば現在形を用いる。

 *cf.* I hope Mr. and Mrs. Ueno will come to *my* birthday party tonight.

018 「感謝する」という意味の **appreciate** は，他動詞としてふつうは「人」ではなく「物」や「こと」を目的語にするが，ここは，仮定法過去の if you **could reply** ...（または if you **would reply** ...）を受ける **it** が目的語にあたる。

 *cf.* **Thank** you. I appreciate it.
  「ありがとうございます。恩に着ます」

016 *The* weather report **on** TV **says that it's going to rain** *this* afternoon.
（テレビのその天気予報は，今日の午後に雨が降りそうであると言う）

---

017 I **hope** Mr. and Mrs. Ueno **come to** *my* birthday party tonight.
（私は，上野夫妻が今夜私の誕生会に来ることを願う）

---

018 **I'd appreciate it if** you **could reply at** *your* **earliest** convenience.
（もしあなたがあなたの最も早い好都合時に返事をしてくださることができるなら，私はそれに感謝するだろう）

---

019 Please **explain to** me **why** you **failed to come** yesterday.
（なぜあなたが昨日来損なったかを私に説明してください）

---

020 I **owe** him *some* money **and have to pay** him **back by** *the* weekend.
（私は彼にいくらかのお金を借りていて，週末までに彼に払い返さなくてはいけない）

---

019 **explain ... to** somebody「…を誰か**に説明する**」で，**目的語が that** 節や疑問詞節の場合は，**explain to** somebody ...「誰か**に**…を**説明する**」の語順にする。
　これを **tell** somebody ...「誰か**に**…を**話す**」と混同して**前置詞 to** を抜かすことがないように。

　　cf. *The* umpire explained *the* rules *of the* game to us.
　　「審判は，試合のルールを私たちに説明した」

　また，**failed to come**「来損なった」は，**didn't come**「来なかった」／ **couldn't come**「来られなかった」に代わる堅い言い方。

020 **owe** somebody something で，「誰かに何かを**借りている**」という**状態**を表す。
　**borrow** something **from** somebody「何かを誰かから**借りる**」や，**lend** somebody something「誰かに何かを**貸す**」／ **lend** something **to** somebody「何かを誰かに**貸す**」／ **rent** somebody something「誰かに何かを**賃貸する**」／ **rent** something **to** somebody「何かを誰かに**賃貸する**」／ **rent** something **from** somebody「何かを誰かから**賃借する**」という**動作**を表すものと混同しないように。

☑ 021 専門家に言わせれば，過度の運動は百害あって一利なしとのことである。

- - - - - - - - - - - - - - - - - - - - - - - - - - - - - - - - - - - - - - - - - - - - - - - -

☑ 022 少し散歩でもしてくれば，きっと父も食欲が出ると思います。

- - - - - - - - - - - - - - - - - - - - - - - - - - - - - - - - - - - - - - - - - - - - - - - -

☑ 023 あの方（男性）は，溺れている女の子を救おうとして命を落としたのです。

- - - - - - - - - - - - - - - - - - - - - - - - - - - - - - - - - - - - - - - - - - - - - - - -

☑ 024 ちょっと地図をご覧になれば，ここがどこなのかおわかりになりますよ。

- - - - - - - - - - - - - - - - - - - - - - - - - - - - - - - - - - - - - - - - - - - - - - - -

☑ 025 「結婚してください」って言われたときは，冗談だと思ったわ。


## 文法チェック

021 **do** somebody **good**「誰かに益を及ぼす」/ **do** somebody **harm**「誰かに害を及ぼす」（ともに SVO′O 型）をもとに，**do** somebody **more harm than good**「誰かに益よりも多くの害を及ぼす」という**比較構文**にする。

022 **give** somebody something「誰かに何かを**与える**」を，ここは人ではなく「散歩」という**無生物**を主語にして言う。

023 He **attempted to save** *the* drowning girl.「彼はその溺れている少女を救うことを試みた」（**to save** ... は他動詞 **attempted** の目的語となる**名詞的用法**）→ *His* [**attempt to save** *the* drowning girl]「彼のその溺れている少女を救う試み」（**to save** ... は名詞 **attempt** を修飾する**形容詞的用法**）

cost somebody something は「誰かに何か〈の**代償**〉を払わせる」，または「誰かに何か〈の**代価**〉を払わせる」。

*cf.* **Only one** careless mistake **cost** *the* company **millions of** dollars.
「わずか 1 つの不注意な過失が原因で，会社は何百万ドルもの損失を被ることになった」

021　Experts **say too much** exercise **does** us **more harm than** good.
（専門家たちは，多すぎる量の運動は我々に益より多くの害を及ぼすと言う）

---

022　**I'm sure** *a* short walk **will give** *my* father *a* good appetite.
（私はきっと，〈一度の〉短い散歩が，私の父によい食欲を与えるだろうと思う）

---

023　*His* attempt **to save** *the* drowning girl **cost** him *his* life.
（その溺れている少女を救おうとする彼の試みは，彼に彼の命〈という代償〉を払わせた）

---

024　*A* mere glance **at** *the* map **will tell** you **where** you **are**.
（その地図への単なる一瞥は，あなたにあなたがどこにいるかを伝えるだろう）

---

025　**When** he **asked** me **to marry** him, I **thought** he **was joking**.
（彼が私に彼と結婚してくれるよう頼んだとき，私は彼が冗談を言っていると思った）

---

024　tell somebody something「誰かに何かを伝える」で，ここは *A* mere glance **at** *the* map という**無生物**を主語にして言う。

　　また，「ここがどこなのか」にあたる**疑問詞節**は **where** you **are**（あなたが（今）どこにいるか）であって，**where** here **is** ではない。
　　ちなみに「ここはどこですか」は **Where am I?**（私は（今）どこにいるか）であって，**Where is** here? ではない。

025　「言われた」という受動態の字面でも，英語ではふつうは行為主を主語とする能動態で言う。
　　また，ask somebody to ～ が「誰かに～してくださいと言う」なら，tell somebody to ～ は「誰かに～しなさいと言う」。

　　*cf.* He **told** *his* children **not to play** in *the* parking lot.
　　「彼は自分の子どもに，駐車場で遊ぶなと言った」

　　また，「冗談を言っている」は he is joking ではなく，主節の **thought** という**過去**に時制を一致させて he **was joking** と**過去進行形**にする。

☑ 026 うちでは表口は終日開けっぱなしですが，裏口は鍵をかけておきます。

☑ 027 くだらない小説だと思ったけど，僕の彼女には面白かったんだ。

☑ 028 昨日お医者さんから，甘いものを食べすぎないほうがいいと言われました。

☑ 029 もはやあなたに手を貸すことはまずできないと思ってください。

☑ 030 カロリーを摂取しすぎなければ，いい体形が保てます。

---

**文法チェック**

026 leave「放置する」と keep「維持する」は**目的格補語**（SVOC の C）として open「開いている」/ locked「鍵がかかっている」のような**状態を表す形容詞**だけでなく，次のように「〜している」という動作の途中にあたる**状態を表す現在分詞**を伴うこともできる。

*cf.*(i) Don't leave *the* water running.「水を出しっぱなしにしないように」
   (ii) I'm sorry to have kept you waiting so long.
      「こんなに長くお待たせして申し訳ありません」

027 ... found it interesting.「…は〈読んだ結果〉それが面白いと思った」（SVOC）で**目的語**にあたる it（= *the* novel）は「興味を引く」側であって，「興味を引かれる」側ではないので，**目的格補語**（SVOC の C）として用いる**分詞形容詞**は interesting であって，interested ではないことに注意。
   そのことは，次の文で確認するとよい。

*cf.* No topic is interesting if you are not interested in it.
   「いかなる話題も，それに興味がなければ面白くない」
   (topic は「興味を引く」側，you は「興味を引かれる」側)

026 We **leave** *the* front door **open** *all* day **but** **keep** *the* back door **locked**.
（私たちは一日中，表の戸が開いているのを放置するが，裏の戸が施錠されているのを維持する）

027 I **thought** *the* novel **was** nonsense, **but** *my* girlfriend **found** it **interesting**.
（僕はその小説は無意味であると考えたが，僕の彼女はそれを面白いと思った）

028 *The* doctor **advised** me yesterday **not to eat** too many sweets.
（昨日その医者は私に多すぎる数の甘いものを食べないよう忠告した）

029 You **can hardly expect** me **to help** you **anymore**.
（あなたは，私があなたを手伝うのを期待することがもはやほとんどできない）

030 **Avoiding** excess calories **will help** you **maintain** *a* good figure.
（過剰なカロリーを避けることが，あなたがよい体形を維持するのを助けるだろう）

---

028 advise somebody to ～「〈専門的な立場で〉誰かに～**するよう強く忠告する**」。ただし，ここは「誰かに～**しないよう強く忠告する**」という否定なので advise somebody not to ～ の形を用いる。

029 expect ... to ～「…が～することを**期待する**」（SVOC）。
　また，not ... anymore（または not ... any more / not ... any longer / no longer ...）「**もはや…ない**」は，ここは否定の not に代わる**準否定**の hardly なので「**もはやほとんど…ない**」となる。

　*cf.*（ⅰ）**I don't need** *this* book any longer.
　　　（ⅱ）**I no longer need** *this* book.
　　　　「私はもうこの本は要りません」

030 help ... (to) ～ は「…が～するのを**助ける**」，つまり「…を**助けて～させる**」という使役にあたるが，help (to) ～「**～するのを助ける**」という用法もある。

　*cf.* **Avoiding** excess calories **will help (to) maintain** *a* good figure.

☑ 031 この家具を週末までに家に配送していただきたいのですが。

- - - - - - - - - - - - - - - - - - - - - - - - - - - - - - - - - - - - - - - - - -

☑ 032 パーティーに着て行ったあの黒いドレスで，あの娘は引き立っていたわ。

- - - - - - - - - - - - - - - - - - - - - - - - - - - - - - - - - - - - - - - - - -

☑ 033 弟は我が子には自由にやらせる主義だから，子どもが毎日のように夜更かしをしてしまう。

- - - - - - - - - - - - - - - - - - - - - - - - - - - - - - - - - - - - - - - - - -

☑ 034 「壁の塗装は自分だけでやったの？」
「いや，友だちに手伝ってもらったよ」

- - - - - - - - - - - - - - - - - - - - - - - - - - - - - - - - - - - - - - - - - -

☑ 035 私は大声で叫びましたが，広い部屋の向こうまでは届きませんでした。

**文法チェック**

031 **I'd like ... p.p.** は **I want ... p.p.** 「私は…が~されるのを欲する」の，また **I'd like ... to ~** は **I want ... to ~** 「私は…が~するのを欲する」の丁寧形（**I'd** は **I would** の短縮形）。

*cf.* I'd like you to send *these* invitations to *our* customers tomorrow morning.
「明日の朝，この招待状をお客様に発送してくれないか」

032 **make** は，SVOC の C として動詞の原形を伴って，O 自身が望まないことや，自然には起こりそうにないことを「作る」という**使役**を表す。

*cf.* She made *her* son promise **never to play near** the railway line again.
「彼女は，息子に二度と線路の近くで遊ばないことを約束させた」

033 **let** は，SVOC の C として動詞の原形を伴って，O 自身が望んでいることや，自然に起こりがちなことを「許す」という**使役**を表す。

*cf.* Don't let *a* single failure get you down.
「一度の失敗くらいでくよくよするんじゃない」

031 I'd like *these* **pieces of** furniture **sent to** *my* house **by** *the* weekend.
（私は，これら数点の家具が週末までに私の家に送られることを欲する）

---

032 *That* black dress she **wore to** *the* party **made** her **look** wonderful.
（彼女がそのパーティーへ着て行ったあの黒いドレスは，彼女を素晴らしく見えさせた）

---

033 *My* brother **lets** *his* children **have** *their own* way, **so** they **stay up** late almost every night.
（私の弟は自分の子どもたちを好きにさせるので，彼らはほぼ毎晩，遅くまで起きている）

---

034 "**Did** you **paint** *the* wall **by yourself**?"
"**No**, I **had** *a* friend **help** me."
（「君は自分だけでその壁を塗ったか」「いや，僕は1人の友人に僕を手伝わせた」）

---

035 I **shouted** loudly, **but** I **couldn't make** myself **heard across** *the* large room.
（私は大声で叫んだが，自分〈の声〉が広い部屋を横断して聞かれた〈状態〉を作ることができなかった）

---

034 have は，SVOC の C として動詞の原形を伴って，「それをするのが専門の人や立場が下の相手が何か義務のある行為をする」のを「**持つ**」ことで，「**させる；してもらう**」という**使役**を表すことができる。

   *cf.* "**Who did** you **have** <u>wash</u> *the* car?" "I **had** *my* brother <u>do</u> it."
   「洗車は誰にさせたの？」「弟にやらせたよ」
   （他動詞 **have** の**目的語**にあたる **Whom** でも，文頭では**主語**と錯覚して**主格**の **Who** を用いるのが慣用）

035 **make** oneself **heard** で，「自分〈の言っていること〉が〈誰かに〉**聞かれた**〈状態〉を**作る**」，つまり「自分の声が誰かに聞こえるようにする；自分の声を通らせる」となる。
  同様に，**make** oneself **understood** は「自分〈の言っていること〉が〈誰かに〉**理解された**〈状態〉を**作る**」，つまり「自分の発言を相手にわからせる；自分〈の言うこと〉が相手に通じる」。

   *cf.* I **know** German well **enough** <u>to make</u> myself <u>understood</u> **in** everyday life.
   「私は日常生活で困らないくらいのドイツ語ならできる」

☑ ☐036☐ 知事（男性）はついに辞意を公<sup>おおやけ</sup>にしました。

---

☑ ☐037☐ 今日の午後，娘を近所の診療所で診てもらいました。

---

☑ ☐038☐ こんなにひどいことが私の身に起こったことは，今まで一度もありません。

---

☑ ☐039☐ 君にお父さんのことをそんなふうに言わせておくわけにはいきません。

---

☑ ☐040☐ 君が入ってきたのに気づかなかったよ。テレビを見ていたから。

---

**文法チェック**

☐036☐ **let ... be known** は「…が知られる」という**受動態**にあたることを「許す」**使役**になるが，SVOC の C が「**過去分詞**」ではなく「**be 動詞の原形＋過去分詞**」の形になることを間違えないように。

*cf.* **Don't let** *that* important lesson **be forgotten**.
「その大事な教訓が忘れられることがないようにしなさい」（× forgotten）

☐037☐ **have** は，SVOC の C として過去分詞を伴って「『O が C される』」ことを立場が下の人やそれをするのが専門の人に「**させる：してもらう**」という**使役**を表すことができるが，O は**物**だけでなく，このように**人**の場合もあり得る。
また，同じ **have ... p.p.** の形でも，次のように「**〜される**」という**被害**や「**〜してしまう**」という**完了**にあたるものもある。

*cf.* (i) I **had** *my* bike **stolen** yesterday.
「昨日私は自転車を盗まれました」（**被害**）
(ii) He **must have** *his* homework **done** before he **goes to** bed.
「彼は寝る前に宿題をやってしまわなくてはいけない」（**完了**）

**036** *The* governor **finally** let it be known **that** he **was going to resign.**
（最終的にその知事は，彼が辞任するつもりでいることが知られるのを許した）

**037** I had *my* daughter **examined** at *a* nearby clinic *this* afternoon.
（今日の午後，私は私の娘をある近所の診療所で診察してもらった）

**038** I've never had **such** *a* terrible thing **happen** to me **before.**
（私は以前いつであるかを問わず，このようなひどいことが私に起こる〈という経験〉を持ったことがない）

**039** I **can't have** you **speaking** like that **about** *your* father.
（私は君が君のお父さんについてそのように話しているのを許容することができない）

**040** I **didn't notice** you **come in because** I **was watching** TV.
（私は君が入ってくるのに気づかなかった。私はテレビを見ているところだったので）

---

**038** have は，ここでは SVOC の C として動詞の原形を伴って「『O が C する』〈という経験〉をする」にあたる意味を表す。

**039** can't have somebody 〜ing で，「誰かが〜しているのを許容できない」ことを言うが，**can't have** の代わりに **won't have** も用いることができる。

**040** 「O が C する」という，能動態で表される動作の全体を知覚することを述べる文では，目的格補語（SVOC の C）として動詞の原形を用いる。
　　ただし，たとえば **hear** という動詞を用いるときに，これと同じ SVOC 型で「知覚」を表すものと SVO 型で「伝聞」を表すものを混同しないように。

*cf.* (i) "Didn't you **hear** me **say** 'Stop'?" "No, I **didn't.**"
「私が『止まれ』と言うのが聞こえなかったのか」
「はい，聞こえませんでした」（「知覚」を表す SVOC 型）

(ii) I **hear** Bob sometimes **helps** *his* mother **with** *her* work.
「ボブは時には母親の仕事を手伝うことがあるそうです」
（「伝聞」を表す SVO 型。I **hear** (that) Bob sometimes **helps** ... .）

☑ 041 コンロの火は消した？　何かが焦げる臭いがしてると思う。

- - - - - - - - - - - - - - - - - - - - - - - - - - - - - - - - - - - - - - - - - - - - - - -

☑ 042 うとうとしていたら，私の名前を呼ぶのが聞こえました。

- - - - - - - - - - - - - - - - - - - - - - - - - - - - - - - - - - - - - - - - - - - - - - -

☑ 043 私が小高い山を登って行くときに，大きな木を切り倒しているのが見えました。

- - - - - - - - - - - - - - - - - - - - - - - - - - - - - - - - - - - - - - - - - - - - - - -

☑ 044 昨夜は9時半の電車に乗り遅れて，次の電車まで30分近く待たされました。

- - - - - - - - - - - - - - - - - - - - - - - - - - - - - - - - - - - - - - - - - - - - - - -

☑ 045 その爆発事故で，死者2名，重傷者3名が出た。


## 文法チェック

041 「O が C している」という，能動態で表される動作の途中の状態にあたる一部を知覚することを述べる文では，SVOC の C として現在分詞を用いる。
　　ちなみに，助動詞 can を伴う can smell は「(現時点で) 臭いがしている」という現在進行形に相当する意味を有するので，後に続く OC の C もそれにふさわしい意味のものとして現在分詞を用いる形になる。
　　ただし，逆は必ずしも真ならずで，OC の C が現在分詞だからといって知覚動詞に必ず can や could を伴うというわけではない。

　　*cf.* **On** *my* **way to** school *this* morning, I **saw** him **waiting for** *the* bus.
　　「今朝学校へ行く途中で，私は彼がバスを待っているのを見ました」

042 「O が C される」という，受動態で表される動作の全体を知覚することを述べる文では，SVOC の C として過去分詞を用いる。

　　*cf.* I **saw** *a* deer **hit by** *a* car **on** *the* mountain road *this* morning.
　　「私は今朝，山間の道路でシカが車にはねられるのを見ました」
　　(hit – hit – hit の活用で，この hit は原形ではなく過去分詞)

28

041 **Did** you **turn off** *the* stove? **I think** I **can smell** something **burning**.
（あなたはコンロを消したか。私は何かが焦げている臭いがしていると思う）

---

042 I **was** almost asleep **when** I **heard** *my* name **called**.
（私はほとんど眠っていた。私が私の名前が呼ばれるのを聞いたとき）

---

043 **As** I **was walking up** *the* hill, I **could see** *a* big tree **being cut** down.
（私がその丘を登っていくとき，私には1本の大きな木が切り倒されつつあるのが見えていた）

---

044 I **missed** *the* 9:30 train last night **and** **had to wait** **for** *the* next one **for** nearly half *an* hour.
（昨夜私は9時30分の電車に乗り損ねて，次のをほぼ半時間待たなくてはならなかった）

---

045 **Two** people **were killed** **and three** seriously **injured** in *the* explosion.
（その爆発で，2人が生命を奪われ，3人がひどく負傷させられた）

---

043 「O が C されている」という，受動態で表される**動作の途中の状態**にあたる一部を**知覚**することを述べる文では，SVOC の C として「being ＋過去分詞」を用いる。

助動詞 could を伴う **could see** は「（過去の時点で）**見えていた**」という**過去進行形**に相当する意味を有するので，後に続く OC も進行形にふさわしい being cut down でなくてはいけない。つまり，受動態で表される動作の**全体**にあたる cut down は**不可**ということになる。

044 たとえば「待ち合わせの相手」が約束の時刻に来なくて「待たされた」のであれば I was kept waiting に違いないが，ここは「誰かによって待っているままにしておかれた」のではなく，自身の非が原因で「待たざるを得なかった」にすぎない。

045 **kill** は「〈人の〉**生命を奪う**」，そして **injure** は「〈人を〉**負傷させる**」という意味の**他動詞**なので，人を主語にすれば**受動態**で Two people **were killed and three** (people) (were) seriously **injured** in *the* explosion. となる。
ただし，ここは反復にあたる2つ目の people，および2つ目の were を除去した形を用いる。

☑ 046 一昨日近所のコンビニに強盗が入ったが, 被害額はわずかだった。

- - - - - - - - - - - - - - - - - - - - - - - - - - - - - - - - - - - - - - - - - - - -

☑ 047 その動物園のパンダは行き届いた飼育を受けています。

- - - - - - - - - - - - - - - - - - - - - - - - - - - - - - - - - - - - - - - - - - - -

☑ 048 台風が接近中なので, 児童は早く帰宅させられました。

- - - - - - - - - - - - - - - - - - - - - - - - - - - - - - - - - - - - - - - - - - - -

☑ 049 容疑者は昨夜, 本館に侵入するところを目撃されています。

- - - - - - - - - - - - - - - - - - - - - - - - - - - - - - - - - - - - - - - - - - - -

☑ 050 1週間前, 電車で居眠りをしている間に, スリの被害に遭いました。

文法チェック

046 **rob** A **of** B「Aを襲ってBを奪う」をもとにすれば, Someone **robbed** *the* nearby convenience store (**of** something) *the* day **before** yesterday「一昨日, 誰かが近所のコンビニを襲って(何かを)**奪った**」(「何かを」にあたる **of** something は除去)となるが, 具体的に誰であるかが不明な**行為主**に言及しないで済ませるために**受動態**で言う。

047 They(S) take great care of(V) *the* giant pandas **in** *the* zoo(O).
→ *The* giant pandas **in** *the* zoo(S) are taken great care of(V).

    *cf.* **Great care** is taken of *the* giant pandas **in** *the* zoo.
    「行き届いた飼育が, 動物園のパンダになされている」
    (← They(S) **take**(V) **great care**(O) **of** *the* giant pandas **in** *the* zoo(M).

048 **make** を用いる**使役構文**では, SVOC の C にあたる動詞の原形は, **受動態**では to 不定詞に変わる。

    They made *the* schoolchildren return home early ... .
→ *The* schoolchildren were made to return home early ... .

30

046 *The* nearby convenience store **was robbed** the day before yesterday, **but only** *a* small sum **of** money **was taken**.
（近所のコンビニは一昨日強盗に入られたが，小さい額のお金しか取られなかった）

---

047 *The* giant pandas **in** *the* zoo **are taken great care of**.
（その動物園のジャイアントパンダは，大事に世話をされている）

---

048 *The* schoolchildren **were made to return** home early **because of** *the* approaching typhoon.
（その児童たちは，その接近中の台風ゆえに早く家に帰らされた）

---

049 *The* suspect **was seen breaking into** *the* main building last night.
（その容疑者は昨夜，本館に押し入りつつあるところを見られた）

---

050 I **had** *my* pocket **picked** **while** asleep **on** *the* train *a* week ago.
（1週間前，私はその電車で眠っている間に私のポケットをすられた）

---

049 Someone **saw** *the* suspect **breaking into** *the* main building last night. という，**能動態**で表される動作の**途中の状態**にあたる一部を**知覚**することを表す文をもとにした**受動態**。

ただし，次のように**能動態**で表される動作の**全体**を**知覚**する文の場合は，SVOC の C は**受動態**では原形ではなく to **不定詞**になる。

*cf.* He **was seen** to come **out of** *the* supermarket *this* afternoon.
「今日の午後，彼はスーパーから出てくるのが目撃されている」
（← Someone **saw** him come **out of** *the* supermarket *this* afternoon.）

050 語法上 someone **picked** me *my* pocket. という文はあり得ないので，その**受動態**にあたる I was picked *my* pocket. という文は成り立たない。

ここは主語の I が，Someone **picked** *my* pocket. の**受動態**にあたる *My* pocket **was picked**. に対する**被害者**であることを示すために I **had** *my* pocket **picked**. という，いわゆる「被害の受け身」にするが，後続の **while** 節から主節と同一の主語である I と **was** を省いた形を用いる。

☑ 051 親の仕事中は，私が弟と妹の面倒を見ています。

---

☑ 052 値札の価格は 10%の消費税込みになっています。

---

☑ 053 あの人（男性）がなぜあんなに身勝手なのか私には理解できません。いつもはあんなじゃないんです。

---

☑ 054 背後に誰かいるよ。僕らは尾行されてるんだと思う。

---

☑ 055 いつも他人の陰口ばかりたたいている女性です。

---

### 文法チェック

051 「〈親の〉仕事中」，つまり「〈親が〉**働いている**〈間〉」は継続動作の途中の状態にあたるので**現在進行形**（**are working**）で言うが，「面倒を**見ています**」はその時点の**一時的な状態**ではなく，ふだんの習慣にあたるので**単純現在形**（**look after ...**）で言う。

　　**動作**を表す動詞の**単純現在形**は，このようなふだんの**習慣的な行為**だけでなく，次のような**不変の性質**を表すときなどにも用いる。

*cf.* Light **travels faster than** sound. 「光は音よりも速く伝わる」

052 include は exclude の反意語として「（除外することなく）**含んでいる**」という**状態**を表す動詞なので，**現在進行形**ではなく**単純現在形**で言う。

　　ちなみに，同じ「**含んでいる**」という**状態**でも容器や場所などの中身が目的語の場合は **contain** を用いる。

*cf. This* cardboard box **contains as many as** fifty books.
「この段ボール箱には本が 50 冊も入っている」
（**as many as** fifty は，50 という数が多いことを強調する言い方で，**no fewer than** fifty と言い換えることができる）

051 I look after *my* little brother and sister **while** *my* parents **are working**.
（私が私の弟と妹を世話する，私の両親が働いている間は）

052 *The* price **on** *the* tag **includes** *the* 10 % consumption tax.
（値札の上の価格は 10 %の消費税を含んでいる）

053 I **can't understand why** he **is being** so selfish．He usually **isn't like** that.
（なぜ彼があれほど利己的にしているのか私には理解できない。彼はふだんあのようではない）

054 **There's** somebody **behind** us．I **think** we **are being followed**.
（私たちの後ろに誰かがいる。私は，私たちがあとをつけられていると思う）

055 She **is always saying** unpleasant things **about** other people **behind** *their* backs.
（彼女はいつも，他人について彼らの背後で不快なことを言っている）

---

053 **be 動詞**は「…**である**」という**恒常的な状態**を述べるときには**状態を表す動詞**として単純現在形で用いるが，ある形容詞で表されるような態度を意図的かつ一時的に取っていることを述べるときには**動作を表す動詞**として現在進行形で用いる。

> he usually **isn't like** that（**恒常的な状態**）
> he **is being** so selfish（**意図的で一時的な状態**）

054 「尾行されている」はふだんの習慣ではなく，**現時点の一時的な状態**にあたるので，**受動態**を単純現在形（we **are followed**）ではなく，**現在進行形**（**are being followed**）にする必要がある。

> I **think** someone is **following** us.
> → I **think** we **are being followed**.

055 現在進行形を **always** や **constantly** などとともに用いることによって，「常に〜している状態にある」ということから，「いつも〜してばかりいる」という**非難**や**苦情**を表すことができる。

☑ 056 「誰かがドアをノックしてるよ」
　　　　「誰なのか見てくるわ」

---

☑ 057 私は来年の今頃は，東京の商社に勤めているだろうな。

---

☑ 058 この夏は北海道を回る旅行をするつもりです。

---

☑ 059 今週末は，大阪の友人を訪ねることになっています。

---

☑ 060 コンサートの開演は6時半なんだ。急がないと遅れるよ。

---

文法チェック

056 「…見てくるわ」は「…ノックしてるよ」という発言を聞いて，それに応じる**発話をする時点**で生じた**意志**を表す**意志未来**として，I will を短縮して I'll go and see ... とするが，口語でこのように **go to ～**「～しに行く」の代わりに **go and ～** という言い方ができるのは，**go** が原形か，または原形と同形の現在形の場合に限られる。

　「誰なのか」は **who it is** であって，**who he or she is** ではないが，その証拠に，ドアをノックしている相手に「どなたですか」と訊くときには **Who are** you? ではなく **Who is it?** と言う。

　また，I **will** / I'll は，次のように無意志未来でも用いる。

*cf.* I'll **be** twenty years old next month. 「私は来月 20 歳になります」

057 *This* time **next year** が示す未来の時点において，「東京の商社のために**働く**」という**継続動作の途中の状態**であるだろうことを**未来進行形**で言う。
　**work** という意図的な行為を表す動詞でも，未来進行形では話し手である「**私**」の意志に関係なく「**～していることだろう**」という**予測**を表すことになる。

056 "Someone's **knocking on** *the* door."
"I'll **go and see who it is**."
（「誰かがドアをノックしている」「それが誰であるかを私が見に行こう」）

---

057 *This* time next year I'll **be working for** *a* trading company **in** Tokyo.
（来年のこの時点で，私は東京のある商社のために働いているだろう）

---

058 I'm **going to travel around** Hokkaido *this* **coming summer**.
（私はこの来つつある夏に，北海道をあちらこちら旅するつもりである）

---

059 I'm **visiting** *a* friend **of** mine **in** Osaka *this* **weekend**.
（私は今週末に大阪にいる私のある友人を訪問することになっている）

---

060 *The* concert **starts at half past** six.  **Let's hurry, or** we'll **be** late.
（そのコンサートは6時半に始まる。急ごう。さもないと私たちは遅れるだろう）

---

058　be going to 〜 は「〈まだ始まっていないが，これから〉〜する方へ行く途中である」ということから，I が主語なら発話の時点より前に生じた意志によって「私は〜するつもりである；私は〜する予定である」にあたる表現になる。

　また，次のように it を主語として天候を表す文なら「〈現状から見て〉〜しそうである」という**予測**を表すことになる。

　　*cf.* **Look at** *those* dark clouds up there.  **It's going to rain** soon.
　　「あの雲を見て。もうじき降りそうだよ」

059　現在進行形を *this* weekend という**未来の時**を表す**副詞**とともに用いることによって「すでに始まっていて**進行中**」であることを暗示することで**変更の余地のない予定**を表すが，そこが「まだ始まっていなくて〜する方へ行く途中である」にすぎないために**変更の余地のある予定**を表す I'm going to 〜 とは異なる。

060　プログラムやポスター，あるいは時刻表などに記載されている**公の予定**は，未来のことであっても，発言者の予測や予想ではなく確定したこととして**単純現在形**で表す。

☑ [061] 残念なお知らせですが, 今日サヤさんは来られません。福岡へ行ったんです。

- - - - - - - - - - - - - - - - - - - - - - - - - - - - - - - - - - - - - - - - - - - - - - - - - - - -

☑ [062] 「ハワイへ行ったことはありますか?」「いいえ, ありません」

- - - - - - - - - - - - - - - - - - - - - - - - - - - - - - - - - - - - - - - - - - - - - - - - - - - -

☑ [063] パリに5年ほど住んだことがありますが, フランス語はまったく話せません。

- - - - - - - - - - - - - - - - - - - - - - - - - - - - - - - - - - - - - - - - - - - - - - - - - - - -

☑ [064] 名古屋に従兄が1人いますが, この10年ほど会っていません。

- - - - - - - - - - - - - - - - - - - - - - - - - - - - - - - - - - - - - - - - - - - - - - - - - - - -

☑ [065] では, あなたは叔母をご存知なんですね。いつからなんですか?

**文法チェック**

[061] 「福岡へ行った」は, その結果として**現在**はここにいないということを**現在完了形**（She has gone → She's gone）で言う。

[062] 「行ったことがある」は, 現在の時点までの経験を表すために**現在完了形**で言うが, それは **have been** であって, **have gone** ではない。
　　また, 応答文で I have never been to Hawaii. の簡略形は, I **have never.** ではなく I never have. であることに注意。

　　ちなみに「～したことがある」が現在の時点までの経験ではなく, **過去の経験**にあたるときは, もちろん**現在完了形**ではなく**単純過去形**を用いる。

　*cf.*（i）I **went** to Hawaii twice **when** I **was in** *my* twenties.
　　　　「私は20代の頃に2回ハワイへ行ったことがあります」
　　　　（**when** I **was in** *my* twenties が示す**過去の経験**なので have been は×）
　　（ii）He **used to have** *a* cottage **in** Hakone. I visited him there twice.
　　　　「以前箱根に彼の別荘があり, 私は2回そこに彼を訪ねたことがある」
　　　　（「訪ねた」のは別荘があった**過去の経験**なので have visited は×）

061 **I'm sorry to tell** you Saya **can't come** today.  She**'s gone to** Fukuoka.
（私はサヤが今日来ることができないことをあなたに話すのが残念である。彼女は福岡へ行ってしまった）

--------------------------------------------------------------------

062 "**Have** you **ever been to** Hawaii?" "No, I **never have.**"
（「あなたは，いつであるかを問わず今までにハワイへ行ったことがあるか」「いいえ，私はいつであるかを問わず（そこへ行ったことが）ない」）

--------------------------------------------------------------------

063 I **once lived in** Paris **for** about five years, **but** I **can't speak** *a* word **of** French.
（私はかつて約5年パリに住んだが，私はフランス語の1語も話すことができない）

--------------------------------------------------------------------

064 I **have** *a* cousin **in** Nagoya, **but** I **haven't met** him **for** about ten years.
（私は名古屋に1人の従兄を持っているが，今まで約10年彼に会っていない）

--------------------------------------------------------------------

065 **So** you **know** *my* aunt!  **How long have** you **known** her?
（それでは，あなたは私の叔母を知っている。どれほど長くあなたは彼女を知っているか）

---

063 「住んだことがある」と言っている以上，現在はもはやそこに住んでいないので，現在の時点までの経験を表す現在完了形（**have lived**）ではなく，過去の一定期間の経験であることを述べるために単純過去形（**lived**）を用いる。
　　また，ここは「過去の約5年」であって，「過去の時点に至る約5年」ではないので，過去完了形（**had lived**）を用いる理由はない。

064 「会っていない」のは，最近の約10年だけに限定されることなので，「〈生まれてこの方〉いつであるかを問わず…ない」にあたる **never** を用いる形にはしない。

　　*cf.* I **have** *a* cousin **in** Nagoya, **but** I've **never met** him.
　　　　「私には名古屋に従兄が1人いるが，1回も会ったことがない」

065 「あなたが私の叔母を知っている」という**状態**が，**How long** が示す時間にわたって**現在の時点まで継続**していることを，**know** という**状態**を表す動詞の**現在完了形**で言う。

　　*cf.* I **have known** *your* aunt **for** about twenty years.
　　　　「私はあなたの叔母さんとは，20年ほど前からのお付き合いです」

☑ 066 甲斐先生（男性）は，25年前の上京以来，当校で教鞭を執っておられます。

---

☑ 067 すぐにその人（男性）だとわかりました。テレビで何度も見ていましたから。

---

☑ 068 私たちは，結婚して2年で第一子を授かりました。

---

☑ 069 その方（女性）は，私がお見かけしなくなってから1年ほどして亡くなりました。

---

☑ 070 私が寝ついてから30分も経たないうちに，電話が鳴ったのです。

---

文法チェック

066 since 以下が示す**過去の時点**から**現在の時点**まで「ここで**教える**」ことが**継続**していることを言うために，**teach** という**継続動作**の動詞を**現在完了進行形**で用いる。
ちなみに，単に「25年前から」ということであれば，次のように言う。

*cf.* Mr. Kai **has been teaching** here for 25 years.
「甲斐先生は 25年前から（← 25年にわたって）当校で教鞭を執っておられます」

067 「何度も見ていた」は，**recognized** が示す**過去の時点**までの**経験**として**過去完了形**（**had seen**）で言う。

068 「結婚している」という**状態**を表す **be married** を**過去完了形**で用いて，**when** we **had** *our* first child が示す**過去の時点**まで2年にわたってその状態が**継続**していたことを言う。
ちなみに，**未来の時点**までの**継続**なら，次のように**未来完了形**を用いる。

*cf.* **Next year** we'll **have been** married **for** ten years.
「来年で私たちは結婚して10年になります」
（来年の結婚した日までの10年にわたる継続）

066 Mr. Kai **has been teaching** here **ever since** he **came to** Tokyo 25 years **ago**.
（甲斐氏は，25 年前に東京に来て以来ずっと，ここで教えている）

---

067 I **recognized** him immediately **because** I **had seen** him **on** TV quite a few times.
（私は直ちに彼を〈彼だと〉認識した。私は何度もテレビで彼を見ていたので）

---

068 We'd been **married for** two years **when** we **had** *our* first child.
（私たちはそれまで２年間結婚していた。私たちが私たちの最初の子どもを持ったとき）

---

069 I **hadn't seen** her **for** about *a* year **when** she **died**.
（私はそれまで約１年間彼女を見ていなかった。彼女が亡くなったとき）

---

070 I **hadn't been sleeping half** *an* hour **when** *the* phone **rang**.
（私はそれまで半時間とは眠ってはいなかった。その電話が鳴ったとき）

---

069 「私が彼女を見かけない」ことが，**when** she **died** が示す**過去の時点**まで約１年にわたって（**for** about *a* year）継続していたことを過去完了形の**否定文**で言う。

[I **hadn't seen** her] **for** about *a* year **when** she **died**.

070 **when** *the* phone **rang** が示す**過去の時点**まで「眠っている状態が 30 分とは**継続していなかった**」ことを過去完了進行形の**否定文**で言う。

ただし，ここは「眠っていない状態が 30 分にわたって続いていた」のではなく，「眠っている状態が 30 分とは続いていなかった」ということなので **half** *an* hour の前に**前置詞 for** は入れない。

[I **hadn't been sleeping half** *an* hour] **when** *the* phone **rang**.

同じ内容を **when** の代わりに **before** を用いて表すこともできる。

*cf.* Before I had been sleeping half *an* hour, *the* phone **rang**.

☑ 071 幼い妹は床に就くか就かないかのうちに寝てしまいました。

☑ 072 このあいだカメラを失くしたんだ。3日前に買ったばかりだったのに。

☑ 073 新しいホールは，月末までには建つだろう。

☑ 074 来年で父はこの会社に勤続30年ということになります。

☑ 075 お昼を食べたら，渋谷へ買い物に行くわよ。

**文法チェック**

071 主節で**過去完了形**を用いる **hardly ... when** の構文では，**when** 以下には，主節の主語の**意志**に関わらないことを言う**単純過去形**の文がくるが，**hardly** という**準否定**の副詞を先頭に出して強調するときは **Hardly had** *my* little sister **lain down** ... という**倒置**の語順になる。また，こうした倒置の語順は，**no sooner ... than** の構文にもあてはまる。

    *cf.* (i) He had no sooner seen *the* police officer than he ran away.
       (ii) No sooner had he seen *the* police officer than he ran away.
         (As soon as he saw *the* police officer, he ran away.)
         「彼は警察官を見るや，ただちに逃走した」

072 **大過去**（**過去から見た過去**）にも**過去完了形**（**had p.p.**）を用いる。
    ただし，行為や出来事が起こった順序どおりに **and** や **but** などで並べて述べるときには，2つとも**単純過去形**で言えば足りる。つまり，時間的に前のことだからといって**過去完了形**を用いることはしない。

    *cf.* I bought *a* camera *the* other day **but** lost it yesterday.
       「このあいだカメラを買ったんだけど，昨日失くしてしまったんだ」

**071** *My* little sister **had hardly lain down** on *the* bed **when** she **fell asleep.**
（私の幼い妹は，ほとんど床に就ききっていなかった。彼女が寝ついたとき）

**072** I **lost** *my* camera *the* other day.  I **had bought** it **only** three days **before.**
（先日私は私のカメラを失くした。私はそのわずか3日前にそれを買った）

**073** *The* new hall **will have been built** by *the* end **of** *the* month.
（その新しいホールは，当月の終わりまでに建てられてしまっているだろう）

**074** Next year *my* father **will have been working** for *this* company **for** thirty years.
（来年私の父は30年にわたってこの会社のために働いていることになるだろう）

**075** **When** we've **had** lunch, we'll **go shopping in** Shibuya.
（私たちが昼食を食べてしまったときに，私たちは渋谷へ買い物に行こう）

---

**073** by *the* end **of** *the* month が示す**未来の時点**までに**完了**しているであろうことを言うために**未来完了形**（**will have p.p.**）を用いる。

**074** 「この会社に**勤めている**」という状態が Next year が示す**未来**まで30年にわたって**継続**しているであろうことを表すために**未来完了進行形**（**will have been ～ing**）を用いる。

　ちなみに，次のように，ふつうの**未来完了形**（**will have p.p.**）でも**未来**までの**継続**を表すことはできるが，同時に**完了**のニュアンスも加わる。

　　*cf.* **When** he **retires** next March, *my* father **will have worked** for *this* company **for** thirty years. 「次の3月に退職するときには，父はこの会社に30年<u>勤めた</u>ことになります」（継続＋完了）

**075** **未来の時**を表す**副詞節**では，未来のことであってもふつうは **will** を用いる言い方はしないが，「買い物に行く」のは「昼食を**食べるとき**」ではなく「昼食を**食べてしまったとき**」にあたるので，**単純現在形**（we have）ではなく**現在完了形**（we have had の短縮形である we've had）にする必要がある。

☑ 076 それであなたの助けになるのであれば，私はあなたに必要なこと
は何だってやります。

------------------------------------------------------------

☑ 077 寝る前にドアに鍵をかけなさいって言ったでしょ。

------------------------------------------------------------

☑ 078 タイ旅行は，出発の3日前になって取りやめました。

------------------------------------------------------------

☑ 079 「クジラが哺乳類だって，学校で教わらなかったの？」
「もちろん教わったよ」

------------------------------------------------------------

☑ 080 なぜあの人（女性）が結婚していると思ったんですか？　独身な
んですよ。

**文法チェック**

076 **未来の条件**を表す**副詞節**では，たとえば **If** it rains tomorrow, *the* game **will be cancelled.**
「明日の天気が雨であれば，試合は中止になります」のように，ふつうは**現在形**の動詞を用
いるが，この例のように **if** 以下が主節の内容の**結果**にあたる場合は，主節の行為から見て
未来に相当するので，**will** を用いる言い方になる。
また，次のように **if** 節が意志を表す場合も当然 **will** を用いる形になる。

*cf.* (i) **If** you **will eat** that much, I **don't want to hear** you **complain about getting** fat.
「君がどうしてもそんなにたくさん食べるのであれば，太ることで泣きごとを言う
のを聞きたくないな」
(ii) **If** you **will introduce** me **to Mr. Holtzclaw, I'll be** much obliged.
「私をホルツクラー氏にご紹介いただければ，ありがたいのですが」

077 **before** 以下は「**Didn't I tell you ...?** が示す**過去**」から見た**未来の時**を表す**副詞節**にあた
るので，**単純現在形**ではなく**単純過去形**を用いる。

*cf.* **Lock** *the* door **before** you **go** to bed. 「寝る前にドアに鍵をかけなさい」
（**before** 以下は**現在**から見た**未来の時**を表す**副詞節**）

**076** If it **will be** helpful **to** you, I **will do anything** you **need**.
（もしそれがあなたにとって助けになるのであれば，私はあなたが必要とする何事でもするつもりである）

---

**077** **Didn't** I **tell** you **to lock** *the* door before you **went** to bed?
（私はあなたに，あなたが就寝する前にそのドアを施錠しなさいと言わなかったか）

---

**078** I **canceled** *the* trip **to** Thailand three days before I **was going to leave**.
（私はそのタイへの旅行を，私が出発する予定だった3日前に中止した）

---

**079** "**Weren't** you **taught at** school **that** whales **are** mammals?"
"**Of course I was.**"
（「君はクジラが哺乳類であることを学校で教えられなかったか」「もちろん，私は教えられた」）

---

**080** **What made** you **think** she **was married**? She's single!
（何があなたに，彼女が既婚であると思わせたか。彼女は独身である）

---

**078** 「取りやめた」以上，「出発する」という行為は成立していないので，「出発の3日前」は three days **before** I **left**「出発したより3日前」ではなく，three days **before** I **was going to leave**「出発する予定だったより3日前」とする必要がある。

**079** 「クジラは哺乳類である」ということを**現在**でも**不変の事実**であると話し手が考えて発言**する**のであるかぎり，主節の**過去**を表す動詞に**時制**を一致させることなく**現在形**（**are**）で言う。

**080** 「あの女性が既婚者である」という事実はないので，主節の過去に**時制**を一致させて**過去形**（**was**）で言う。

　ちなみに，次のように目的語である that 節の内容を話し手が事実であると知っていて発言する場合は，主節の**過去**を表す動詞に**時制**を一致させることなく**現在形**（**is**）で言うことになる。

*cf.* **How did** you **know that** Kazue **is married**?
　「カズエさんが結婚していることが，どうしてわかったんですか」

☑ 081 私には自転車がありません。あれば，もちろん貸してあげるんですが。

---

☑ 082 雨に降られなかったら，私たちの旅も快適だったのに。

---

☑ 083 あんなにたくさん食べなかったら，君が今そんなに眠いということはなかったはずです。

---

☑ 084 私がティーナなら，あんな酒癖の悪い男と結婚しなかったわ。

---

☑ 085 あの人（男性）が始発に乗ったのであれば，たぶん 30 分かそこらで着くでしょう。

### 文法チェック

081 if I did（if I had *a* bike に相当）は「I don't have *a* bike という現在の事実」に反する仮定を表す**仮定法過去**で，I'd lend ...（I would lend ... の短縮形）はその仮定のもとでの現在の結果を表す**帰結節**になる。

082 If it had not been for ... は「『…の《せい》だった』という過去の事実」に反する仮定を表す**仮定法過去完了**で，we would have had ... はその仮定のもとでの過去の結果を表す**帰結節**になる。

for ... は，悪い理由なら「…のせい」，よい理由なら「…のおかげ」にあたる。

*cf.* If it were not for water, **no** living thing could exist.
「もし水がなければ（←もしそれが水の《おかげ》でないとしたら），いかなる生物も存在できないだろう」（仮定法過去）

083 「you ate so much（あれほどの量を食べた）という過去の事実」に反する仮定を表す**仮定法過去完了**の if 節に対して，その仮定のもとでの「now が示す現在の結果」を表す**帰結節**の動詞は wouldn't be であって，wouldn't have been ではない。

**081** I **don't have** *a* bike; **if** I **did**, of course I'**d lend** it **to** you.
（私は自転車を持っていない。もし私が〈自転車を〉持っているなら，もちろん私はそれをあなたに貸すだろう）

---

**082** If it had not been for *the* rain, we would have had *a* pleasant journey.
（もしそれがその雨のせいでなかったら，私たちは快適な旅をしただろう）

---

**083** If you hadn't eaten so much, you wouldn't be so sleepy now.
（もし君があれほどの量を食べなかったら，君は今それほど眠くはないだろうに）

---

**084** If I were Tina, I wouldn't have married such *a* bad drinker.
（もし私がティーナなら，私はあのようなひどい酒飲みと結婚しなかっただろう）

---

**085** If he took *the* first train, he'll probably get here in thirty minutes or so.
（もし彼が一番列車に乗ったのであれば，彼はおそらく30分かそこらでここに着くだろう）

---

**084** 「私がティーナでない」のは，ティーナが結婚した**過去の時点**だけのことではなく，**現在**もなお変わらない事実なので，「私がティーナなら」は「**現在の事実に反する仮定**」である仮定法過去の **if** 節にあたるが，その仮定のもとでの結果は過去のことなので，帰結節の動詞は wouldn't <u>have married</u> となる。

**085** if 節は「《始発に乗らなかった》という**過去の事実**」に反する仮定を表す**仮定法過去完了**ではなく，「〈実際は始発に乗ったかどうかはわからないが〉もし始発に乗ったのであれば」という**過去の条件**を表すものなので，**過去形の動詞**を用いる。

これを次のような「過去の事実に反する仮定」を表す仮定法過去完了と混同しないように。

*cf.*(i) **If he had taken** *the* first train, he **would have got** here **by now**.
「もし彼が始発に乗っていたら，今すでにここに着いているだろう」
（he **would have got** <u>here</u> は **by now** が示す現在完了の結果）

(ii) **If he had taken** *the* first train, he **would be** here **now**.
「もし彼が始発に乗っていたら，今ここにいるだろう」
（he **would be** <u>here</u> は **now** が示す現在の結果）

☑ 086 万が一宝くじで7億円当たったら，半分ちょうだいね。

- - - - - - - - - - - - - - - - - - - - - - - - - - - - - - - - - - - - - - - - - - - - - - - - - - - -

☑ 087 もし仮に欠員が出るようなことがあれば，私は応募したいのですが。

- - - - - - - - - - - - - - - - - - - - - - - - - - - - - - - - - - - - - - - - - - - - - - - - - - - -

☑ 088 鈴木家の皆さんは，まるで家族のように私に優しくしてくださいます。

- - - - - - - - - - - - - - - - - - - - - - - - - - - - - - - - - - - - - - - - - - - - - - - - - - - -

☑ 089 その人（女性）は，まるで私の旧知の友人であるかのように親しげに話しかけてきました。

- - - - - - - - - - - - - - - - - - - - - - - - - - - - - - - - - - - - - - - - - - - - - - - - - - - -

☑ 090 息子は学校の成績が芳しくありません。もっと勉強してくれたらいいのですが。

## 文法チェック

086 **未来において起こる可能性が極めて低いだろうと話し手が思っていること**の仮定を表す **if ... should ～**は，帰結節として **would / could ～**よりも，**will / shall ～**を用いる文や**命令文**を伴うことが多い。

*cf.* **If it should rain** tomorrow, *the* game **will be canceled**.
「もし万が一明日雨になれば，試合は中止されます」

087 「もし仮に欠員が出るようなことがあれば」という未来の議論上の仮定を表すために **if ... were to ～**を用いるが，こうした未来の一度かぎりのことについての仮定なら，次のような単純な**仮定法過去**でも足りる。

*cf.* **If** *an* **opening arose**, I'd like to **apply for** it.

088 「**I am not** *a* **member of** *their* family『私は彼らの家族の一員ではない』という**現在の事実**」に反する仮定にあたる**仮定法過去**を用いて **as** (they **would treat** me) **if I were** *a* **member of** *their* family「もし私が彼らの家族の一員であるなら（彼らが私を扱うであろう）と同様に」から**帰結節** (they **would treat** me) を除去した形にする。

46

086 **If** you **should win** 700 million yen **in** *the* lottery, **let** me **have half of** it.
(もし万が一あなたがその宝くじで7億円を獲得するなら,私にそれの半分を持たせなさい)

----

087 **If** *an* opening **were to arise**, I'd like to apply **for** it.
(もし仮に空きが生じるとすれば,私はそれに応募したいのだが)

----

088 **Everyone in** *the* Suzuki family **treats** me kindly, **as if** I **were** *a* member of *their* family.
(鈴木家の誰もが私を親切に扱う。もし私が彼らの家族の一員であるならと同様に)

----

089 She **spoke to** me **in** *a* familiar manner **as if** she **were** *an* old friend **of** mine.
(彼女は,もし彼女が私の古い友人であるならと同様に親しい態度で私に話しかけた)

----

090 *My* son **doesn't do well at** school. I **wish** he **studied harder**.
(私の息子は学校でうまくやっていない。私は,彼がもっと一所懸命に勉強すればよいのにと願う)

---

089 「彼女が私の旧知の友人でない」のは「彼女が私に話しかけた」のと時間的に**同時**のことなので,その事実に反する仮定にあたる「もし彼女が私の旧知の友人であるなら」には**仮定法過去**を用いて as (she would speak to me) if she were *an* old friend of mine.「もし彼女が私の旧知の友人であるなら(私に話しかけるであろう)と同様に」から**帰結節** (she would speak to me) を除去した形にする。

   *cf.* She **spoke to** me **in** *a* familiar manner **as if** she **had known** me **for** years.
   「彼女はまるで何年も前から私を知っているかのように親しげに私に話しかけてきた」
   (「《話しかけた》のよりも**時間的に前**の事実」に反する仮定)

090 **wish** の目的語となる**仮定法過去**の he studied harder は「he **doesn't study** harder という(ふだんの習慣である)**現在の事実**」に反する**仮定**にあたる。
このように主語が I で **wish** が**現在形**のときは,次のように **If only** から始まる感嘆文に言い換えることができる。

   *cf.* **If only** *my* son **studied harder**!
   「息子がもっと勉強してくれさえしたらなあ!」

☑ 091 午後はデートなんだ。雨がやんでくれたらいいんだけどなあ。

- - - - - - - - - - - - - - - - - - - - - - - - - - - - - - - - - - - - - - - - - - - - - - -

☑ 092 どちらかというと日曜日ではなく土曜日に来ていただけるとありがたいのですが。

- - - - - - - - - - - - - - - - - - - - - - - - - - - - - - - - - - - - - - - - - - - - - - -

☑ 093 お前にはもう自活してもらわなくては困る。もう私には養えないよ。

- - - - - - - - - - - - - - - - - - - - - - - - - - - - - - - - - - - - - - - - - - - - - - -

☑ 094 かかりつけ医から，週に少なくとも2〜3回は軽い運動をするよう奨められました。

- - - - - - - - - - - - - - - - - - - - - - - - - - - - - - - - - - - - - - - - - - - - - - -

☑ 095 会議は中止してはどうかと私は提案し，ほかの全員から同意してもらえた。

---

**文法チェック**

091 ここは，**does not stop**「やまない〈という性質の雨である〉」という事実に反する仮定にあたる **stopped** ではなく，**will not stop**「やむ意志がない〈かのようにしつこく降っている〉」という事実に反する仮定として would stop でないといけない。

092 **I'd rather**（**I would rather** の短縮形）の後に**仮定法過去**の文を続けて，**I'd rather you came on** Saturday **than** (you came) **on** Sunday.「私は，どちらかというとあなたが日曜日に（来る）よりも土曜日に来てくれたらと願う」（**would** は**助動詞**ではなく，仮定法の文を目的語とする**他動詞**にあたる）から2つ目の you **came** を省いたものを用いる。

    *cf.* **I'd rather not talk about** it.
    「私は，どちらかというとそのことを話したくないのですが」
    （← I'd rather **not talk about** it (**than** **talk about** it).)（助動詞の would）

093 **It is time** の後に続く過去形の文では，**仮定法**という意識が薄れて直説法とみなされるので，**be 動詞**の場合は人称と数によって **were** ではなく **was** を用いる。

    *cf.* **It's about time** I **was going**.「そろそろお暇（いとま）する時間です」

---

48

**091** **I'm going out on** *a* date *this* afternoon. How I **wish** *the* rain **would stop!**
（私は今日の午後デートに出かけることになっている。この雨にやむ意志があれ
ばなあと私はどんなに願うことか）

---

**092** **I'd rather** you **came on** Saturday **than on** Sunday.
（私はどちらかというと，あなたが日曜日によりは土曜日に来てくれたらと願う）

---

**093** **It's time** you **earned** *your own* living. **I can't afford to support**
you **anymore**.
（お前が自身の生活費を稼ぐときである。私はもはやお前を養う余裕がない）

---

**094** *My* doctor **recommended that** I **do** some light exercise at least two
or three times *a* week.
（私の医者は，私がいくらかの軽い運動を週に少なくとも２，３回することを推奨
した）

---

**095** I **suggested that** *the* meeting **be** canceled, **and** everyone else
**agreed**.
（私は会議は中止してはどうかと提案し，ほかのすべての人が賛同した）

---

**094** recommend のような**推奨**，suggest / propose のような**提案**，demand / require /
insist のような**要求**，order / command のような**命令**を表す動詞の後に続く**that** 節は
「～しなさい」と命令したり，「～するべきである」と忠告したりする内容にあたるので，命
令文と同様に**原形**（つまり**仮定法現在**），または「～するべきである」ことを示す should
＋原形を動詞として用いる。

**095** suggest が「**提案する**」ではなく，次のように「**示す**」の意のときは，094の場合にはは
たらないので，**that** 節では原形や should ＋原形の動詞を用いない。

cf. *The* dark clouds suggested that it **was** going to rain soon.
「その黒雲を見ると，まもなく雨が降りそうな気配だった」（× be / × should be）

また，insist についても「**要求する**」ではなく，「**主張する**」にあたる意味のときは，
**that** 節の動詞は原形や should ＋原形にはならない。

cf. He insisted that *his* wife **was** innocent.
「彼は自分の妻が無実であることを主張した」（× be / × should be）

☑　096　欠点が多い方(かた)（男性）ですが，私は好きにならずにはいられません。

☑　097　車の往来が激しい道の運転は，どんなに注意しても足りない。

☑　098　20代の頃，私はこの川を泳いで渡ることができました。

☑　099　今朝私はいつもより少し早めに家を出たので，7時半の電車に乗ることができました。

☑　100　以前私たちは働く店が同じで，よく一緒にコーヒーを飲んだものです。

### 文法チェック

096　cannot help ～ing は「～することを避けることができない」，つまり何かをしたい気持ちを抑えることができなくて「～せずにはいられない」。
　　同義の古い言い方として cannot but ～（～する以外にはできない）というのがあるが，それとの混同から cannot help but ～ とも言う。

　　*cf.* He **has a lot of** faults, **but still** I can't help but like him.

097　cannot と「**過剰**」を表す too を組み合わせて，「～しすぎることができない」，つまり「どんなに～してもすぎることはない」となる。
　　ただし，ここは cannot be careful too much ではなく，cannot be too careful であることに注意。

　　*cf.* You cannot **emphasize** *the* importance of friendship too **much**.
　　「友情の大切さはどんなに強調してもすぎることはない」

098　could ～ は「(**過去に**) ～する能力を備えていた」ということであって，「(**過去の特定の機会**に実際に) ～することができた」ということではない。

| 096 | He **has a lot of** faults, **but still** I **can't help liking** him. |
|---|---|

（彼は多くの欠点を持っているが，それでも私は彼を好きであることを避けることができない）

---

| 097 | You **cannot be too careful when driving** a car **on** busy streets. |
|---|---|

（あなたは，交通量の多い通りで車を運転するときには慎重でありすぎることはできない）

---

| 098 | I **could swim across** *this* river **when** I **was in** *my* twenties. |
|---|---|

（私は，私が20代だったときには，この川を横切って泳ぐことができた）

---

| 099 | *This* morning I **left** *the* house a little **earlier than usual, so** I **was able to catch** *the* 7:30 train. |
|---|---|

（今朝私はふだんより少し早く家を出たので，7時30分の電車に乗れた）

---

| 100 | We **used to work in** *the* **same** shop **and would often have** coffee **together.** |
|---|---|

（私たちは以前同じ店で働いていた。そしてしばしば一緒にコーヒーを飲んだものである）

---

099 was able to ～ / were able to ～は「**（過去の特定の機会に実際に）～することができた**」ことを言うが，そういうときに could ～は使えない。

ただし，**過去の特定の機会**でも「**～することができなかった**」という**否定**なら could を用いるのに支障はない。

    *cf.* Last night I **left** *the* office **so** late **that** I **couldn't catch** *the* last train.
    「昨夜私は会社を出るのがすごく遅かったので，終電に乗ることができなかった」

100 used to ～は**現在と対比される過去**を表すが，**動作**だけでなく，次のように**状態**を表す動詞にも用いることができる。

    *cf.* My father **used to be** *a* heavy smoker, **but** now he **doesn't smoke at all.**
    「以前父はヘビースモーカーでしたが，今はまったく吸いません」

一方，would (often) ～は，**過去に同じ動作を意識的に反復した**ことを言うものなので，**動作を表す動詞**とともには用いるが，**状態を表す動詞**とともに用いることはできない。

**have** coffee の **have** は，もちろん状態ではなく**動作**を表す動詞にあたる。

☑ 101 このたび新居に引っ越しました。ぜひ遊びに来てください。

- - - - - - - - - - - - - - - - - - - - - - - - - - - - - - - - - - - - - - - - - - - - - - - - - - - - -

☑ 102 明日は祝日だから，私たちは早起きしなくていいんです。

- - - - - - - - - - - - - - - - - - - - - - - - - - - - - - - - - - - - - - - - - - - - - - - - - - - - -

☑ 103 お前は夜間にそんな物騒なところを歩き回らないほうがいい。

- - - - - - - - - - - - - - - - - - - - - - - - - - - - - - - - - - - - - - - - - - - - - - - - - - - - -

☑ 104 そんなにひどい風邪を引いているのを無理して学校へ行かないほうがいいよ。

- - - - - - - - - - - - - - - - - - - - - - - - - - - - - - - - - - - - - - - - - - - - - - - - - - - - -

☑ 105 なんて怠惰な人たちなんだろう。仕事は何時間も前に終わっていなくてはいけなかったんだ。

## 文法チェック

101　You must ～は，話し手の意見として「あなたは～しなくてはならない」と言うことによって，ここでは聞き手に向かって「ぜひ～しなさい」と強く勧誘することになる。

　　また，**come and** ～は come to ～「～しに来る」に代わる口語の表現として，come が原形か，またはそれと同形の**現在形**のときに用いることができる。

- *cf.* (ⅰ) *My* parents **come and stay with** me *every* weekend.
  「両親は，週末ごとに私のところに泊まりに来ます」
  （come は**原形と同形の現在形**）
- (ⅱ) *My* mother **comes to stay with** me *every* weekend.
  「母は，週末ごとに私のところに泊まりに来ます」
  （comes は**原形と同形ではない**ので，comes and stays ... とはならない）

102　客観的な事実として「～しなくてはならない」にあたる **have to** ～を**否定**すると，「～しなくてはならないことはない」，つまり「～しなくてもよい」という**不必要**を表す。
　　この **do not have to** ～（**不必要**）を **must not** ～「～してはならない」（**禁止**）と混同しないように。

101 We just **moved to** *a* new house.  You **must come and see** us.
（私たちは新しい家に引っ越したばかりである。あなたは私たちに会いに来なくてはならない）

---

102 **It's** *a* holiday **tomorrow, so** we don't **have to get up** early.
（明日は祝日だから，私たちは早く起きなくてはならなくはない）

---

103 You **had better not walk around in such** *a* dangerous place **at** night.
（お前は夜にそのような危ない場所で歩き回らないほうがよい）

---

104 You **shouldn't go to** school **with** such *a* terrible cold.
（あなたは，そのようなひどい風邪を伴って学校へ行くべきでない）

---

105 They **are so** lazy!  *The* job **should have been finished** hours **ago**.
（彼らはあれほど怠惰である！　その仕事は，何時間も前に終えられるべきだったのに）

---

103　二人称を主語とする you had better 〜は「お前は〜したほうがいい」の後に「さもないと…」が暗示されるような命令や脅迫にあたる。

　　また，「お前は〜しないほうがいい」という否定の場合は you had better not 〜（× you had not better 〜）の語順に注意。

104　二人称を主語とする you should 〜が「〜するべきである；〜したほうがよい」という肯定の忠告なら，you should not 〜 は「〜するべきでない；〜しないほうがよい」という否定の忠告にあたる。

105　should have p.p. で，「〈現時点以前に〉実際に何かをしなかった」ことについて振り返って「〜するべきだった（のに）」という意味を表すが，ここは受動態なので **should have been finished** となる。

　　*cf.* **"Did you double-check** *the* report?" **"No,** but **now I think** I **should have."**
　　「報告書を見直したの？」「いや，でも見直すべきだったと今は思う」
　　（should have (double-checked *the* report) から反復部分を除去して言う）

☑ 106 なぜあの人（男性）にお金を貸したりなんかしたんですか。いつも踏み倒す人なんですよ。

---

☑ 107 もしあの人たちがすでにそのことを知っていたのであれば，なにも私たちが話すまでもなかったんです。

---

☑ 108 タケシが空腹であるわけがない。だってお昼をたくさん食べたばかりなんだから。

---

☑ 109 もしかすると友だちは今，駅で私を待っているかもしれないと私は心配しています。

---

☑ 110 あの人（女性）には以前どこかで会ったかもしれないが，場所が思い出せない。

---

**文法チェック**

106 **should not have p.p.** で，「〈現時点以前に〉**実際に何かをした**」ことについて振り返って「**〜するべきではなかった（のに）**」という意味を表す。

107 （**to 不定詞を伴う**）動詞の **need** による did not need to 〜 という否定の過去形は，(1)「**〜する必要がなかった（からしなかった）**」場合だけでなく，(2)「〈現時点以前に〉**実際に何かをした**」ことについて振り返って「**〜する必要がなかった（のにした）**」場合にも用いることができる。

一方，（**原形の動詞を伴う**）助動詞の **need** による否定の need not have p.p. は，(2)「〈現時点以前に〉**実際に何かをした**」ことについて振り返って「**〜する必要がなかった（のにした）**」場合に用いる。

*cf.* **If they already knew about** it, we needn't have told them.

108 **推量の助動詞＋状態動詞の原形**で，**現在の状態**についての推量を表す。
**推量の助動詞**には，**can't**「はずがない」のほかに，**should**「はずである」，**will**「だろう」，**must**「違いない」，**may**「かもしれない」などがある。

106 You **shouldn't have lent** him money. He **never pays** *his* debts.
（あなたは彼にお金を貸すべきではなかった。彼はいつであるかを問わず自分の借金を払うことがない）

---

107 **If** they **already knew about** it, we **didn't need to tell** them.
（もし彼らがそれについてすでに知っていたのであれば，私たちが彼らに話す必要はなかった）

---

108 Takeshi **can't be** hungry **because** he**'s** just **had** *a* big lunch.
（タケシが空腹であるはずがない。彼は大量の昼食を食べたばかりだから）

---

109 **I'm afraid** *my* friend **might be waiting for** me **at** *the* station **now**.
（私は，私の友だちがもしかすると今駅で私を待っているかもしれないと心配である）

---

110 I **may have met** her somewhere before, **but** I **can't recall where**.
（私は以前どこかで彼女に会ったかもしれないが，私はどこだったかを思い出すことができない）

---

109 推量の助動詞 + be 〜ing で，現在進行形にあたることについての**推量**を表す。
また，過去形の **might** は「…かもしれなかった」という過去ではなく，「…かもしれない」にあたる現在形の **may** の意味を弱めて「**もしかすると**…**かもしれない**」くらいの違いがあるにすぎない。

110 推量の助動詞 + have p.p. で，現時点以前（つまり，過去または現在完了）にあたることについての**推量**を表す。

cf.（i）**Since** *the* light **in** *his* room **is on**, he **must have already** come home.
「部屋の照明が点いているから，彼はきっともう帰宅しているよ」
（**already** が示す現在完了の推量）

（ii）He**'ll have arrived by now**.
「今すでにもう彼は到着しているだろう」
（**未来完了**ではなく，**by now** が示す現在完了の推量）

（iii）He **seems to have been** very poor **when** he **was in** *his* twenties.
「彼は 20 代の頃はすごく貧しかったようです」
（**when** he **was in** *his* twenties が示す過去の推量）

4

助動詞を使う表現

# 5 不定詞・動名詞・分詞

☑ 111 弟は，やっぱり大学には進学しないことにしたそうです。

---

☑ 112 「二人はどうして付き合いをやめたんですか？」
「大ゲンカをしたんです」

---

☑ 113 私が留守の間，忘れず3日に1回金魚に餌をやってください。

---

☑ 114 外国旅行のたびに，私は若い頃もっと英語の勉強をしておけばよかったと悔やまないことがない。

---

☑ 115 大声で「助けて！」と言おうとしましたが，声になりませんでした。

## 文法チェック

111 **decide to** ～は「〈その時点で，これから〉～することを決める」。

「〈その時点で，これから〉～すること」にあたる **to** 不定詞を目的語にするということでは，**want to** ～「～することを欲する」，つまり「～したい」や **agree to** ～「～することに同意する」などもまた同じ。

  *cf.* The Prime Minister agreed to be interviewed on TV.
    「首相はテレビで取材を受けることに同意した」

112 **stop ～ing** は「〈その時点で〉～していることをやめる」。
ただし **stop to ～** は「～するために立ちどまる」。

113 **forget to ～** は「〈その時点で，これから〉～することを忘れる」。
ちなみに **forget ～ing** は「〈その時点以前に〉～したことを忘れる」。

  *cf.* I'll never forget getting lost when we were climbing in the Alps last year.
    「私は，昨年アルプス登山のときに道に迷ったことを決して忘れない」

111 *My* brother **says** he **has decided not to go** to university **after all**.
（私の弟は結局，大学に行かないことを決めてしまったと言っている）

---

112 "**Why have** they **stopped seeing each other**?"
"They **had** *a* big fight."
（「なぜ彼らは互いに会うことをやめてしまったのか」「彼らは大きなケンカをした」）

---

113 Please **don't forget to feed** *the* goldfish *every* three days **when** I'm away.
（私が留守のとき，3日ごとにその金魚に餌をやることを忘れないでください）

---

114 **Every time** I **travel** abroad, I **regret not studying** English **harder when** I **was** young.
（外国へ旅行するたびに，私は若い頃もっと懸命に英語を学ばなかったことを悔やむ）

---

115 I **tried to shout out** "**Help!**", **but** *the* word **stuck in** *my* throat.
（私は「助けて！」と叫ぼうとしたが，その言葉が私の喉の中でつっかえた）

---

114 **否定の動名詞句を用いる** regret not 〜ing は「〈その時点**以前に**〉〜しなかったことを残念に思う」という意味を表すが，動名詞句の代わりに次のように過去の事実を述べる that 節で言い換えることができる。

    *cf.* **Every time** I **travel** abroad, I **regret** (that) I **didn't study** English **harder when** I **was** young.

ちなみに，regret to 〜「〈その時点で，**これから**〉〜することを残念に思う」は，一人称（I / we）を主語とする**現在形**の regret の後に to say that ... / to tell you that ... / to inform you that ... など伝達を表すものを続けて，何か残念なことを直接相手に伝えるときに用いる。

    *cf.* We **regret to inform you that** *your* application **for** *a* loan **has been turned down**.
    「残念なお知らせですが，お客様のローンのお申込みは通りませんでした」

115 try to 〜は「〈その時点で**これから**〉〜することを試す」，つまり「〜しようとする」，そして try 〜ing は「〈その時点で〉〜していることを試す」，つまり「〈実際に〉〜してみる」。

5
不定詞・動名詞・分詞

☑ 116 この問題はすごく複雑なので，私にはどこから手をつけたらいいかわからない。

----

☑ 117 あなたはお皿を洗うだけでいいわ。ほかはみんな私がやるから。

----

☑ 118 今日会えるかな？　伝えたい大事な話があるんだ。

----

☑ 119 このリンゴを入れていくものを何かいただけませんか？

----

☑ 120 亜鉛は鉄の腐蝕(ふしょく)を防ぐために用いると学校で教わりました。

---

**文法チェック**

116 「疑問詞 + to 不定詞」は「疑問詞から始まる，**助動詞 should を含む名詞節**」に準じるものになる（**where to start ← where** I **should start**）が，それは「whether (or not) + to 不定詞」についても同様。

   *cf.* We'll **have to decide** whether (or not) to go **ahead with** *the* project.
   「私たちは，その企画を進めるべきかどうかを決めなくてはなるまい」

117 All [you **have to do**](S) **is**(V) (to) ～ (C). は「あなたがしなくてはならないすべては（これから）～することである」，つまり「あなたは～しさえすればよい」（= You **have only to** ～）となる。
　　このように主語に伴う**関係詞節**の動詞が do（具体的には **have to do / can do / does / did** など）であれば，**be 動詞**の後に続く主格補語（SVC の C）では，to 不定詞の代わりに原形を用いることができる。

118 **something** important は，それを**修飾**する「**関係詞節**」に代わる「**形容詞的用法の to 不定詞句**」に含まれる他動詞 tell の意味上の目的語にあたる（**something** important to tell you ← **something** important (that) I want to tell you）。

58

116 *This* problem **is so** complicated **that** I **don't know** where to start.
（この問題はそれほど複雑である。どこから始めるべきかが私にわからないほど）

----

117 **All** you **have to do is** wash *the* dishes. **I'll do everything else.**
（あなたがしなくてはならないすべては，それらの皿を洗うことである。私がほ
かのすべてをしよう）

----

118 **Can** we **meet today?** I**'ve got something** important to **tell** you.
（私たちは今日会うことができるか。私には何かあなたに話す大事なことがある）

----

119 **Could** you **give** me **something** to carry *these* apples in?
（あなたは私に，何かこれらのリンゴを中に入れて持ち運ぶものを下さることが
できるだろうか）

----

120 I **was taught at** school **that** zinc **is used** to protect iron from
**rusting.**
（私は学校で，亜鉛は鉄を錆ることから守るために用いられると教えられた）

----

119 something は，それを**修飾**する「**関係詞節**」に代わる「**形容詞的用法の to 不定詞
句**」に含まれる前置詞 in の意味上の目的語にあたる（**something** to carry *these* apples
in ← **something** (that) I **can carry** *these* apples in）。

このように**修飾される名詞**が，それを修飾する to 不定詞句に含まれる前置詞の意味上の
目的語にあたる場合は，堅い言い方として次のように「**前置詞＋関係代名詞**」から始める形
を用いることができる。

   *cf.* Here **is something** with which to wipe *your* mouth.
    「ここにあなたの口を拭くものがあります」
    （← **something** with which you **can wipe** *your* mouth）

120 **is used to protect ...**「…を守るために用いられる」（to protect ... は目的を表す**副詞的
用法**）。これを **be used to ～ ing**「**～することに慣れている**」と混同しないように。

   *cf.* I **am not** used to getting up early **in** *the* morning.
    「私は朝早起きすることに慣れていない」（× to get up ...）

☑ 121 その便に遅れないように空港へ急いだのですが，間に合いませんでした。

--------------------------------------------------------------------

☑ 122 風邪を引かないように気をつけなさい。来週は就職の面接なんだから。

--------------------------------------------------------------------

☑ 123 手短に言えば，長男は初恋の相手と結婚したのです。

--------------------------------------------------------------------

☑ 124 あんな不注意なミスをなさるんですから，きっとすごくお疲れだったのでしょう。

--------------------------------------------------------------------

☑ 125 そのモデルが私の母親でもおかしくない年齢だと聞いて衝撃でした。

**文法チェック**

121 否定の目的を表す**副詞的用法**の **to 不定詞**は，単に **not to ～**ではなく，必ず **so as** や **in order** を伴って **so as not to ～**や **in order not to ～**とする必要がある。
　　ただし，個人差や地域差はあるとしても，**so as** から始まる形は肯定でも否定でもふつう文頭では用いない。

　　*cf.*(i) <u>To avoid catching</u> *a* cold, you **should wash** *your* hands frequently.
　　　　（○ In order to avoid ... / × So as to avoid ...）
　　　(ii) **In order not to catch** *a* cold, you **should wash** *your* hands frequently.
　　　　（× Not to catch ... / × So as not to catch ...）
　　　　「風邪を引かないために，まめに手を洗うほうがよい」

122 be careful not to ～ / take care not to ～「～しないよう注意する」の「～しないように」は<u>目的</u>にはあたらないので，**so as not to ～**とはしない。

123 **To make** *a* long story **short**（British English では **To cut** *a* long story **short**）は「長い話を短くすれば」，つまり「手短に言えば」という意味の慣用句となった独立不定詞で，後続の文を修飾するものとして用いる。

121 I **hurried to** *the* airport **so as not to miss** *the* flight **but couldn't catch** it.
（私はそのフライトに乗り損ねないようにその空港へ急いだが，それに乗れなかった）

--------------------------------------------------

122 **Be careful not to catch** *a* cold, **because** you **have** *a* job interview **next week**.
（風邪を引かないように注意しなさい。来週あなたには就職の面接があるので）

--------------------------------------------------

123 **To make** *a* long story **short**, *my* eldest son **married** *his* first love.
（長い話を短くすれば，私の長男は彼の初恋の人と結婚した）

--------------------------------------------------

124 You **must have been** very **tired** to make **such** *a* careless **mistake**.
（そのような不注意な誤りを犯すとは，あなたは非常に疲れていたに違いない）

--------------------------------------------------

125 I **was shocked** to hear **that** the model **was** old **enough to be** *my* mother.
（私は，そのモデルが私の母親であるに足りる年齢であると聞いて，衝撃を受けた）

---

124　to make **such** *a* careless **mistake**「そのような不注意な誤りを犯すとは」は，You **must have been** very **tired**「すごく疲れていたに違いない」という判断の根拠を表す**副詞的用法**にあたる。

125　to hear **that** ...「…を聞いて」は，**was shocked**「衝撃を受けた」という感情の原因を表す**副詞的用法**。

 *cf.* She **began to cry** bitterly **when** she **heard** *the* sad news.
 「彼女はその悲しい知らせを聞いて号泣し始めた」
 （**began to cry** bitterly は**感情**ではないので to hear ... は不可）

　また，**enough** は **to 不定詞**と結びついて，「～するのに足りるだけ…」という意味を表し，ここでは **enough** が**副詞**として修飾される**形容詞** old の後にくる。
　ただし，同じ **enough** でも**形容詞**の場合は，ふつうは修飾される**名詞**の前にくる。

 *cf.* I **haven't got enough** money to buy *a* new car.
 「私には，新しい車を買うだけのお金はない」

☑ 126 私の生徒の中には，授業の進度が速すぎてついていけないとよくこぼす者もいます。

☑ 127 あれほど気難しい人（男性）は，きっと一緒には働きづらいだろう。

☑ 128 もう3歳になる私の孫は，赤ん坊扱いを嫌がります。

☑ 129 祖母は90歳を過ぎていますが，楽に階段を歩いて上がれます。

☑ 130 パソコンの調子がおかしいですね。修理の必要があるかと思います。

### 文法チェック

126 　主語の *the* class が後続の **to 不定詞句に含まれる前置詞 with** の意味上の目的語にあたるが，こうした too ... to ～構文は，**so ... that ＋否定文**で言い換えることができることでわかるように，「肯定文の仮面をかぶった否定文」と考えることができる。

> ... *the* class **goes** too fast for them to keep up with.
> → ... *the* class **goes** so fast that they cannot keep up with it.
> (it ＝ *the* class)

127 　be difficult to ～ / be hard to ～ / be **tough** to ～「～しにくい」/ be easy to ～「～しやすい」など，いわゆる **tough**（タフ）構文では，**文の主語**が，**後続の to 不定詞句に含まれる他動詞や前置詞の意味上の目的語**にあたる。

> *A* man (who **is**) **so difficult** to please
> （who is を補って考えれば，**関係詞節の主語**である **who** は，他動詞 please の意味上の目的語にあたる）
> *A* man ... **must be hard to work** with.
> （文の主語である *A* man ... は，前置詞 with の意味上の目的語にあたる）

126 Some **of** *my* students **often complain that** *the* class **goes** too fast **for** them **to keep up with**.
（私の生徒の何人かはしばしば，その授業が彼らにとってついていくには速く進みすぎると文句を言う）

127 *A* man **so difficult to please must be hard to work with**.
（あれほど喜ばせにくい男性は，一緒に働きづらいに違いない）

128 *My* grandchild **is already** three years **old and** objects to being treated **like** *a* baby.
（私の孫はすでに3歳で，赤ん坊のように扱われることに反対する）

129 *My* grandmother **is over** ninety years old **but has no trouble walking up** steps.
（私の祖母は90歳を超えているが，階段を歩いて上がるのに苦労しない）

130 **There's something wrong with** *the* PC. **I'm afraid** it **needs repairing**.
（そのPCには何か不具合なところがある。私は残念ながらそれは修理を必要とすると思う）

---

128 **object to** の **to** の後には，**look forward to** や **be used to** の **to** の後と同様に，その**目的語**として（名詞または）**動名詞**がくる。

　ここでは，後続の**動名詞**の主語でもある *My* grandchild は「**扱う**」側ではなく「**扱われる**」側なので being treated という**受動態**の形を用いる。

129 **have trouble (in) ～ing**「**～することに苦労する**」の **in** はふつう省くが，それは **be busy (in) ～ing**「**～するのに忙しい**」についても同様。

　　*cf.* *My* mother is busy cooking in *the* kitchen now.
　　「母は今，台所で料理するのに忙しい」

130 **need** の目的語である repairing は「**修理**」という意味の**名詞**として**能動態**の形で用いるが，同じ目的語でも **to 不定詞**の場合は**能動態**と**受動態**の区別をする。

　　*cf.* *This* letter needs to be corrected before it is sent.
　　「この手紙は発送前に手直しをする必要がある」（× to correct …）

☑ 131 この映画は本当に名作です。何度だって観る価値があると思います。

----

☑ 132 その川を見て，故郷を流れる川を思い出しました。

----

☑ 133 その列車事故で負傷したのは，私の友人だけでした。

----

☑ 134 あんなに子ども好きなのだから，あの子（女性）は学校の先生になったほうがいい。

----

☑ 135 遠くから見ると，巨大な岩がまるで人間の顔のようだった。

**文法チェック**

131 be worth の後の～ing も，need の後の～ing と同じく，動名詞というよりも名詞として能動態と受動態の区別をすることなく能動態の形で用いる。

ちなみに，the ～ing of ... の形の～ing も動名詞ではなく名詞にほかならない。

*cf.* A lot of money **has been invested in** *the* raising of *the* sunken ship.
「多額の資金がその沈没船の引き揚げにつぎ込まれている」
(**raising** *the* sunken ship「沈没船を引き揚げること」(動名詞句) / *the* **raising of** *the* sunken ship「沈没船の引き揚げ」(名詞句))

132 「*the* river という名詞の反復を避けるための代名詞 *the* one」を修飾する現在分詞句 (**running** **through** *my* hometown) は，主格の関係代名詞で導かれる能動態の動詞を用いる節 (**that runs** **through** *my* hometown) の代わりになる。

*cf.* *The* baby **sleeping** **in** *that* bed **is** *my* niece.
「あのベッドで寝ている赤ちゃんは，私の姪です」
(**sleeping** **in** *that* bed が **who is sleeping** **in** *that* bed に相当)

131 *This* film **is** *a* real masterpiece.  **I think** it's worth watching many times.
（この映画は真の傑作である。私はそれが何回も鑑賞することに値すると思う）

132 **Seeing** *the* river **reminded** me **of** *the* **one running through** *my* hometown.
（その川を見ることは，私に私の故郷を貫流する川について思い出させた）

133 *My* friend **was** *the* **only** person **injured in** *the* train accident.
（私の友人は，その列車事故で負傷させられた唯一の人だった）

134 **Liking** children *the* **way** she **does**, she **should become** *a* schoolteacher.
（現に彼女がそうであるように子どもが好きだから，彼女は学校教師になるべきである）

135 **Seen from** *a* distance, *the* huge rock **looked like** *a* human face.
（遠方から見られると，その巨大な岩は人間の顔に似ているように見えた）

---

133 *the* **only** person という**名詞**を**修飾**する**過去分詞**の**句**（injured in *the* train accident）は，**主格の関係代名詞**で導かれる**受動態**の動詞を用いる**節**（who was injured in *the* train accident）に代わるものになる。

134 *the* **way** she **does**（= as she **does**）「あのように（←現に彼女が子ども好きであるように）」（**does** = **likes** children）という**様態**を表す**副詞節**を伴う**分詞構文**である Liking children ... は，後に続く she **should become** *a* schoolteacher.「彼女は学校教師になるべきである」の理由にあたる。

また，同じ**様態**を表す**副詞節**を伴う**分詞構文**でも，次のように**譲歩**を表すものもある。

*cf.* **Young as he is**, he **has** *a* large family **to support**.
「あのように若いにもかかわらず，彼には扶養家族が多い」

135 「遠くから見ると」という日本語の字面は**能動態**でも，文の主語であると同時に**分詞構文**の主語でもある *the* huge rock は，「**見る**」側ではなく「**見られる**」側にあたるので，**分詞構文**を**受動態**（**Seen from** ...）にする。

☑ 136 20年ほど姿を見ていなかったので，最初は当人（男性）だとわからなかった。

- - - - - - - - - - - - - - - - - - - - - - - - - - - - - - - - - - - - - - - - - - - - - - - - - - - - -

☑ 137 昨夜は4時まで寝ないでテレビでサッカーの決勝戦を観ていました。

- - - - - - - - - - - - - - - - - - - - - - - - - - - - - - - - - - - - - - - - - - - - - - - - - - - - -

☑ 138 歩きスマホはいけないよ。すごく危ないから。

- - - - - - - - - - - - - - - - - - - - - - - - - - - - - - - - - - - - - - - - - - - - - - - - - - - - -

☑ 139 満席だったので，仕方なく講演は立って聴きました。

- - - - - - - - - - - - - - - - - - - - - - - - - - - - - - - - - - - - - - - - - - - - - - - - - - - - -

☑ 140 ほかの条件が変わらないのであれば，できるだけ単純な説明が一番いい。

## 文法チェック

136 「20年ほど姿を見ていなかった」のは，「当人だとわからなかった」のより時間的に前にあたるので，分詞構文を **Not having seen ...** と完了形にする。

ただし，「20年ほど」と時間を一部に制限しているので「(生まれてこの方すべての時間にわたって) いつであるかを問わず…ない」にあたる never を用いる形にはしない。

また，否定の not については，完了形の**述語動詞**では I **had** **not** **seen** him ... (短縮形は I **hadn't** **seen** him ...) の語順になるが，完了形の**分詞構文**ではふつうは **Having** **not** **seen** him ... よりも **Not** **having** **seen** him ... の語順のほうが好まれる。

*cf.* **Not** **knowing** what to say, Donald **kept** silent.
「何を言えばいいかわからなくて，ドナルドはずっと黙っていた」
(× **Knowing** **not** ... / × **Doing** **not** **know** ...)

137 watching *the* soccer final **on** TV は，I **stayed** **up** **until** four **in** *the* morning に対する付帯状況を表して，「午前4時まで起きていたときに (それに付帯して) テレビでサッカーの決勝戦を観ていた」ことを言う。

136 **Not having seen** him **for** about twenty years, I **failed to recognize** him **at first**.
（約20年彼を見ていなかったので，最初の段階で私は彼を〈彼だと〉認識し損ねた）

------------------------------------------------

137 Last night I **stayed up until** four **in** *the* morning, **watching** *the* soccer final **on** TV.
（昨夜私は，テレビでサッカーの決勝戦を観ながら午前4時まで起きていた）

------------------------------------------------

138 **Don't use** *your* smartphone **while walking**. **It's** very dangerous.
（歩行中にあなたのスマートフォンを使わないで。それは非常に危ない）

------------------------------------------------

139 I **had to listen to** *the* lecture **standing because** every seat **was taken**.
（私は立っている状態でその講演を聴かなくてはならなかった。すべての席が取られていたので）

------------------------------------------------

140 **Other things being equal**, *the* **simplest** explanation **is** *the* **best**.
（ほかのことが等しければ，最も単純な説明が最もよい〈説明である〉）

---

138 「歩きスマホ」とは「歩行中にスマホを使う」こと。
　　**while walking**「歩行中に」は，**while** you **are** walking「歩いているときに」という**現在進行形**を用いる「**時の副詞節**」から，主節の**命令文**に隠れている主語の you と共通の主語である you と **are** を省いたものにあたる。

139 「講演を聴く」ことと「立つ」ことという2つの行為が別々に起こったわけではなく，ここは「立っている状態で講演を聴く」という単一の行為なので，**standing** を **listen to** *the* lecture に対する<u>準主格補語</u>（**完全文に加わるオマケの主格補語**）として<u>コンマ</u>（comma）なしで用いる。

140 　**Other things being equal** は，主語を明示する形の**独立分詞構文**で，「ほかの条件が等しければ」という意味の**慣用句**にあたる。

　　*cf.*(i) **Such being** *the* **case**, *the* conference **has to be postponed until** *a* later date.
　　　　「そういう状況なので，会議は後日まで延期せざるを得ない」
　　　(ii) **All things considered**, he **is** *a* fairly good husband.
　　　　「あらゆることを考慮すれば，彼はまずまずの夫である」

☑ 141 あの方（男性）の話し方からすると，きっと大阪生まれではない
と思います。

---

☑ 142 君にそんなふうに見ていられると，読書に集中できません。

---

☑ 143 目を閉じたままでまっすぐ歩くことはできないと思います。

---

☑ 144 昨夜はすごく暑かったので，エアコンをつけたままで寝ました。

---

☑ 145 「どのケーキがいい？」
「上にイチゴが乗ってる，その大きいのがいい」

---

**文法チェック**

141　judging from ... は，主語を明示しない形の独立分詞構文で，「…から判断すると」という
意味の**慣用句**になるが，このタイプのものには，ほかに **generally speaking**「一般的に言
えば」や **speaking of** ...「…と言えば」（British English では **talking of** ...）などがある。

> *cf.* Speaking of **trips**, **how did** you **enjoy** yours to Kyoto last month?
> 「旅行と言えば，先月の京都旅行はいかがでしたか」

142　いわゆる「**付帯状況の with**」を用いるが，ここは with + [You are watching me like
that.] = with you(o) watching me like that(c)「あなたがそのように私を**見つめている**〈と
いう**状況**〉を持って」という仕組みになる。

> ただし，たとえ**付帯状況**でも，次のように文の主語が〜ing の主語にあたるときは with
> を用いる形にはならない。

> *cf. My* wife suddenly **ran out of** *the* kitchen, leaving *the* stove on.
> 「妻はコンロの火を点いたままにして，突然台所から駆け出したのです」
> （× *My* wife ... *the* kitchen **with leaving** *the* stove on.）

141 **Judging from** *the* **way** he **speaks, I'm sure** he **is not** *a* native **of** Osaka.
（彼の話し方から判断すると，私はきっと彼が大阪生まれの人ではないと思う）

--------------------------------------------------------------

142 **I can't concentrate on** *my* reading **with** you **watching** me **like** that.
（私は，君がそのように私を見つめている〈という状況〉を持っていては私の読書に集中することができない）

--------------------------------------------------------------

143 **I don't think** you **can walk in** *a* straight line **with** *your* eyes **closed**.
（私は思わない，あなたの目が閉じている〈という状況〉を持ってあなたがまっすぐ歩くことができると）

--------------------------------------------------------------

144 **It was so** hot last night **that I slept with** *the* air conditioner **on**.
（昨夜はそれほど暑かった。私がエアコンがついている〈という状況〉を持って眠ったほど）

--------------------------------------------------------------

145 "**Which** cake **do** you **want**?"
"**I'd like** *the* big one **with** strawberries **on** it."
（「君はどのケーキがほしいか」「僕はイチゴがそれの上にある〈という状況〉を持っているその大きいのがほしい」）

---

143　with + [*Your* eyes are closed.] = with *your* eyes(o) closed(c)「目が**閉じている**〈という状況〉を持って」

ちなみに**形容詞 closed** の対義語は **open** であって，**opened** ではない。

*cf.* He usually **sleeps with** *his* mouth open.「彼はいつも口を開けて寝る」
（with + [*His* mouth is open.] = with *his* mouth(o) open(c)）

144　with + [*The* air conditioner was on.] = with *the* air conditioner(o) on(c)「エアコンが**ついている**〈という状況〉を持って」

145　with + [Strawberries are on it.] = with strawberries(o) on it(c) と考えることができるが，この場合は *the* big one を修飾する**形容詞句**になる。次のものも同タイプ。

*cf.* In *the* city library I **happened to find** *a* book **with** some pages **missing**.
「市の図書館で偶然，私は何ページかが欠落している本を見つけた」
（with + [Some pages were missing.] = with some pages(o) missing(c)）

☑ [146] あと5分早く出ればよかった。そうすれば，私たちは最終バスに
乗れたんだ。

☑ [147] あまり近づかないで。私の風邪がうつるから。

☑ [148] 「大人になったら何になりたいですか？」
「看護師になりたいです」

☑ [149] あの方（女性）は，道ですれ違うときに，私に気づかないふりを
なさいました。

☑ [150] 私たちは，年を取るにつれて必ずしも賢くなるとはかぎらない。

**文法チェック**

[146] **Hurry** up, **and** you**'ll be in time for** school.「急ぎなさい。そうすれば君は学校に間に
合うだろう」（= **Hurry** up; if you do, you**'ll be in time for** school.）の応用として，こ
こは文頭の Five minutes earlier の前に，そうした**命令文**に準じるものとして We **should
have left** を補って考える。

(We **should have left**) five minutes earlier, and we could have caught *the* last bus.
= (We **should have left**) five minutes earlier; if we had, we could have caught *the* last
bus.
（if we had は if we had left five minutes earlier に相当する**仮定法過去完了**で「『5分早
く出なかった』という**過去の事実**」に反する仮定）

[147] **Stop, or** I**'ll shoot** you.「止まれ。さもないと撃つぞ」（= **Stop**; if you don't, I**'ll
shoot** you.）の応用にあたるが，ここは先頭の**命令文**が **Don't come too close** という否
定なので，**or** は「近づきすぎないのでないと」，つまり if you do「もし近づきすぎれば」
に相当する。

*cf.* **Don't come** too close; if you do, you**'ll catch** *my* cold.

146 Five minutes earlier, **and** we **could have caught** *the* last bus.
（〈私たちは〉5分早く〈出るべきだった〉。そうしていたら私たちは最終バスに乗ることができたのに）

------------------------------------------------------------

147 **Don't come too close, or** you'll **catch** *my* cold.
（近く来すぎないように。そうしないのでないと，あなたは私の風邪をもらうことになるだろう）

------------------------------------------------------------

148 "**What do** you **want to be when** you **grow up**?"
"**I'd like to be** *a* nurse."
（「あなたは大人になるとき何でありたいか」「私は看護師でありたい」）

------------------------------------------------------------

149 She **pretended not to see** me **as** she **passed** me **on** *the* street.
（彼女は，その通りで私のそばを通りすぎるときに，私が見えていないふりをした）

------------------------------------------------------------

150 We **do not necessarily become wiser as** we **get older**.
（私たちは，年齢が増すにつれて必然的により賢くなるわけではない）

------------------------------------------------------------

148 「大人になったら」は「大人になる」のを既定のこととして「〈現実に〉大人になるときに」にあたる **when** you **grow up** という「**未来の時**」を表す**副詞節**にする。
　　ここは，「大人になる」かどうかを未定のこととして「〈あなたは大人になるかどうかまだわからないが〉もし〈運よく〉大人になるなら」にあたる **if** you **grow up** という「**未来の条件**」を表す**副詞節**では，問いとして甚だ失礼なものになってしまう。

　　**未来の時を表す副詞節**としては，次のものも同タイプ。

　　*cf.* **Put** *the* magazine **back** when you **finish**.
　　「読み終わったら雑誌をもとに戻しておいてね」（「雑誌を読み終わる」のを既定のこととして「〈実際に〉読み終わったときに」の意。× **if** you **finish**）

149 **時の接続詞**として **as** を用いて，She **pretended not to see** me が she **passed** me **on** *the* street と並行して起こったことを言う。

150 **get older** と並行して，それに**比例**するように **become wiser** が起こることを **as** で表す。比較級の後だからといって than を用いるわけではない。

☑ 151 父は，タバコをやめてからずいぶん太りました。

---

☑ 152 あの人（女性）が署名するのを見るまで，左利きに気づきません
でした。

---

☑ 153 あいにく郵便局は君が着くまでには閉まっていると思うよ。

---

☑ 154 君は手遅れにならないうちにお医者さんに診てもらったほうがい
いと思います。

---

☑ 155 あの子（女子）は今朝また遅刻しました。着いたのは授業が始まっ
て1時間後です。

文法チェック

151 「since 以下が示す過去」から現在までの間に「太った」という結果を表すために，主節
では現在完了形の動詞を用いる。
　「太る」は put on weight のほかに gain weight とも言うが，その反意表現は lose weight「痩
せる」。

　ちなみに，since 以下が示す過去から現在までの時間を表す，it が主語で be 動詞を用い
る文では，単純現在形と現在完了形のどちらも可能。

　*cf.* (i) **It's** ten years **since** they **got** married.
　　　(ii) **It's been** ten years **since** they **got** married.
　　　　「二人が結婚してから 10 年になる」

152 until SV ... / till SV ...「S が V…するまで」は，たとえば **I'll stay** here **until** you **get**
back.「あなたが戻って来られるまで，私はここにいます」のように，そのときまで継続す
ることを修飾する。
　realize「気づく」は継続する動作を表す動詞ではないが，否定文の場合は「気づかない」
ことが継続すると考えることができる。

72

151  *My* father **has put on** a lot of **weight** since he **gave up smoking**.
（私の父は多くの体重を増やした。喫煙をやめて以来）

152  I **didn't realize** she **was** left-handed until I **saw** her **sign** *her* name.
（私は彼女が左利きであることに気づかなかった。彼女が自分の名前をサインするのを私が見るまで）

153  I'm **afraid** *the* post office **will be closed** by the time you **arrive**.
（私は残念ながら思う，その郵便局は君が着くまでに閉まっているだろうと）

接続詞と疑問詞の節

154  I **think** you **should see** *a* doctor before **it is too** late.
（私は，遅くなりすぎる前に君が1人の医師の診察を受けるべきであると思う）

155  She **was late** again *this* morning.  She **arrived** *an* hour after school **began**.
（彼女は今朝また遅刻した。彼女は学校が始まった1時間後に到着した）

---

153  **by the time** SV ...「SがV…するまでに」は，そのときまでに**完了**することを**修飾**する。

closed は open「開いている」という**形容詞**の反意語にあたるが，次のように close を**自動詞**として用いて**未来完了形**で言うこともできる。

*cf.* **I'm afraid** *the* post office **will have closed** by the time you **arrive**.

154  「SがV…**しないうちに**」とは，before SV ...「SがV…**する前に**」にほかならず，**before** の後には時間の上での**比較の対象**として**肯定文**がくる。

*cf.* You **should write down** *his* phone number before you **forget it**.
「彼の電話番号を忘れ**ないうちに**書き留めたほうがいいですよ」（× don't forget）

155  **after** と **before** は，その直前に**時間差**を示す語句を伴うことができる。

*cf.* Diplomatic relations **were broken off between** *the* two countries several years before *the* war **began**.「戦争が始まる数年前に，その二国は国交断絶になった」

☑ 156 私が君に初めて会ったとき，君はまだ大学生だったんだよ。

---

☑ 157 あの人（男性）はイントロを聞いた途端に曲名がわかってしまう。

---

☑ 158 いったん自転車の乗り方を覚えれば，決して忘れるものではない。

---

☑ 159 もう子どもたちが大人になったから，私たちは何でも好きなことができる。

---

☑ 160 癌<sup>がん</sup>も種類によって早期に発見すれば治るものもある。

文法チェック

156 *the* first time SV ... は「S が V…する最初のとき」，つまり「初めて S が V…するときに」という時の副詞節になる。

    *cf.* (i) *The* last time he was here, I didn't meet him.
        「この前あの人がここに来られたとき，私はお会いしませんでした」
      (ii) Bring *your* wife with you next time you come.
        「次に来られるときは，奥さんを連れていらっしゃい」
      (iii) Every time he visits us, he brings *a* present for *our* daughter.
        「あの方はうちに来られるたびに，娘のためにお土産を持って来られます」

157 *the* moment SV ...「S が V…する瞬間」は，as soon as SV ...「S が V…すると同時に」にあたる。

158 once SV ...「一度 S が V…すれば」で用いる動詞は，現在完了形（have learned）でも単純現在形（learn）でもよい。

    *cf.* Once you learn how to ride *a* bicycle, you never forget.

**156**　*The* **first time** I **met** you, you **were** still *a* college student.
（私が君に会った最初のときに，君は依然として大学生だった）

------------------------------------------------------------

**157**　*The* **moment** he **hears** *the* **opening** notes *of a* song, he **can tell what** *its* title **is**.
（彼がある歌の出だしの旋律を聞く瞬間，彼はそれの曲名が何であるかを言うことができる）

------------------------------------------------------------

**158**　**Once** you **have learned how to ride** *a* bicycle, you **never forget**.
（一度あなたが自転車の乗り方を覚えてしまうと，あなたは決して忘れることはない）

------------------------------------------------------------

**159**　**Now that** *our* children **are grown up**, we **can do anything** we **like**.
（私たちの子どもたちが大人である今，私たちは何でも好きなことをすることができる）

------------------------------------------------------------

**160**　**Some** kinds **of** cancer **can be cured if discovered in time**.
（一部の種類の癌は，間に合って見つけられるなら，治され得る）

---

**159**　now that **S V** ...「今や **S** が **V**…なので」
　　ここで **grown up** は**主格補語**（SVC の C）となる**叙述用法**の**形容詞**にあたるが，名詞を修飾する**限定用法**ではハイフンを伴って，たとえば **grown-up** children「成人した子ども」という形で用いる。

**160**　**Some** kinds **of** cancer **can be cured if** (they **are**) discovered **in time**. から，主節と共通の主語である they と are を省いたものを用いる。

　　こうした「主語と be 動詞」を省略することができる条件は，**when / while**（時）/ **unless**（条件）/ **though**（譲歩）などの節にもあてはまる。

　*cf.* (ⅰ) I **can't bring** myself **to go out** when (I am) tired.
　　　　「私は疲れているときは出かける気になれない」
　　(ⅱ) He **never speaks** unless (he **is**) spoken to.
　　　　「話しかけられないかぎり，自分からは決して話さない人です」
　　(ⅲ) Though (he **was**) tired, he **stayed up** *all* night.
　　　　「疲れていたにもかかわらず，彼は夜通し起きていた」

☑ 161 ジョージが事故を起こさないとしたら驚きます。スピードの出し
すぎです。

---

☑ 162 あなたがその態度を改めないかぎり，あなたとは結婚しません。

---

☑ 163 大事に扱うと約束するかぎり，私の自転車を使っていいですよ。

---

☑ 164 私が思い出すかぎり，その女性は私が見たときは赤い帽子を被っ
ていました。

---

☑ 165 ハサミを使い終わったら，もとあったところに戻しておいてね。

---

**文法チェック**

161 「**unless + 肯定文**」と「**if + 否定文**」は決して同義ではない。
　　ここは，if George **doesn't** **have** *an* accident「ジョージが事故を起こさない場合は
（否定条件）〈私は驚く〉」ということであればよいが，unless George **has** *an* accident
（= except if George **has** *an* accident）では「ジョージが事故を起こす場合〈だけは驚か
ないが，その場合〉を除いて（肯定条件の除外）〈ほかのいかなる場合にも必ず私は驚く〉」
という実におかしな話になってしまう。

162 unless you **change** *that* attitude of yours は「あなたがその態度を改める場合〈だけは別
であるが，その場合〉を除いて」（= except if you **change** *that* attitude of yours）という「肯
定条件の除外」を表す。
　　ここでは if you **don't** **change** *that* attitude of yours「あなたがその態度を改めない場合
は（否定条件）」とも言えるが，unless を用いるものとは意味が違う。
　　具体的には，unless you **change** ... では「（聞き手が話し手に）結婚してもらう」ために
は「（聞き手が）その態度を改める」以外に手段がない。
　　一方 if you **don't** **change** ... では「その態度を改めない場合は」と言っているだけで，決
してほかの条件を排除しているわけではないので，必ずしも態度を改めなくても，何かほか
の条件が整えば「結婚してもらえる」可能性がある。

**161** I'll **be surprised** if George **doesn't have** *an* accident.  He **drives too** fast.
（もしジョージが事故を起こさなければ，私は驚くだろう。彼は過度に速く運転する）

---

**162** I **won't marry** you **unless** you **change** *that* attitude **of** yours.
（あなたがあなたのその態度を変える場合を除いて，私はあなたと結婚するつもりはない）

---

**163** You **can use** *my* bike **as long as** you **promise to be careful with** it.
（あなたは私の自転車を使うことができる。あなたがそれを大事に扱うことを約束しさえすれば）

---

**164** **As far as** I **recall**, she **was wearing** *a* red cap **when** I **saw** her.
（私が思い出す範囲では，彼女は私が彼女を見たときは赤い帽子を被っていた）

---

**165** **Put** *the* scissors **back where** you **found** them **when** you **finish**.
（用が済んだら，そのハサミをあなたがそれを見つけたところに戻しておきなさい）

---

**163** as long as SV ... / so long as SV ...「S が V…**するかぎり**」は，「S が V…**しさえすれば**」という**条件**を表すときに用いるが，これは次のように否定文を伴って「S が V…**しないかぎり**」，つまり「S が V…**しさえしなければ**」という**否定の条件**を表すときにも用いることができる。

> *cf.* You **can eat anything** you **like as long as** you **don't eat** too much **of** it **at** one time.
> 「一度に食べすぎ**ないかぎり**，君は何でも好きなものを食べていい」

**164** as far as SV ... / (in) so far as SV ...「S が V…**するかぎり**」は，「S が V…**する範囲では**」にあたるものなので，know / remember / be concerned などのように「どこまで」と範囲を区切るのにふさわしい動詞を用いる。

**165** where SV ... は「S が V…**するところに**」という**場所**を表す**副詞節**で，以下のことわざで使われるものと基本的には同じ。

> *cf.* **Where there is** *a* will, **there is** *a* way.
> 「精神一到何事か成らざらん」（←意志があるところには道がある）

☑ 166 本を学生たちが取りに戻るまで，そのままにしておきましょう。

---

☑ 167 以前に職場がご一緒だったのですから，お兄様のことはよく存じ上げています。

---

☑ 168 昨日あの子（女子）は学校をお休みしました。頭痛がひどかったからです。

---

☑ 169 フミオくんはここに来たくて来たのではありません。先生に「行け」と言われたんです。

---

☑ 170 私たちにわかるように，もっとゆっくり話していただけませんか？

---

**文法チェック**

166 as SV ... で「Sが V…するように」という様態を表すが，ここは **leave** *the* books as they **are**（they = *the* books）で「本をそれらが現にそうであるように放置する」，つまり「本を現状のままにしておく」ことを言う。

167 「以前に職場がご一緒だったのですから」という聞き手にとって既知の理由を，**since** を用いて旧情報として文頭で言う。

168 「頭痛がひどかったから」という聞き手にとって未知の理由を，**because** を用いて新情報として主節の後で言う。

　　また，**because** 節は従属節なので，She **didn't go to** school yesterday. **Because** she **had** *a* terrible headache. のように独立の 1 文として用いるべきではないが，**Why** から始まる疑問文に対する応答なら，その限りではない。

　　*cf.* "Why **didn't** she **go to** school yesterday?" "Because she **had** *a* terrible headache."
　　「なぜ昨日彼女は学校に行かなかったんですか」「ひどい頭痛がしたからです」
　　（問いの文が主節に，そして答えの文が従属節に準じると考えればよい）

78

166 **Let's leave** *the* books **as** they **are until** *the* students **come back to collect** them.
　(それらの本をそれらがあるままに放置しよう。その学生たちがそれらを取りに戻るまで)

----

167 **Since** I **worked at** *the* same place **as** *your* brother before, I **know** him well.
　(以前私はあなたのお兄さんと同じ場所で働いていたのだから，私は彼をよく知っている)

----

168 She **did**n't **go to** school yesterday **because** she **had** *a* terrible headache.
　(昨日彼女は学校に行かなかった。なぜなら彼女はひどい頭痛がしていたから)

----

169 Fumio **did**n't **come** here **because** he **wanted to**. His teacher **told** him **to**.
　(フミオはここに来たいから来たのではない。彼の先生が彼にそうしなさいと言った)

----

170 **Could** you **speak more slowly** so that we **can understand** you?
　(私たちがあなた〈の言うこと〉を理解することができるように，もっとゆっくり話していただけますでしょうか)

----

169 because he **wanted to** (**come** here)（カッコ内は除去）は，「ここに来なかった」ことの理由ではなく「ここに来た」ことの理由にあたる。

　そもそも「**ここに来なかった**のは，**そうしたかった**（＝ここに来たかった）から**である**」では因果関係が成り立たない。正しくは「**ここに来た**のは，**そうしたかった**（＝ここに来たかった）から**ではない**」ということになるが，次のものも同タイプ。

　*cf.* You **should**n't **look down upon** *a* person just **because** he or she **is** poor.
　「単に貧しいからというだけで人を見下さないほうがいい」
　(just **because** 以下は「人を見下さない」ことの理由ではなく，「人を見下す」ことの理由にあたる)

170 so (that) ... can ～で「…が～することが**できるように**」という**目的**を表す。
ただし，次のように全体が過去の場合は，can を過去形にする必要がある。

　*cf.* I **got up** early *this* morning so that I could catch *the* first train.
　「私は今朝，始発に乗れるように早起きした」

☑ 171 濡れるといけないから，レインコートを着たほうがいい。

--------------------------------

☑ 172 途中でお腹が空くといけないから，このおにぎりを持って行きなさい。

--------------------------------

☑ 173 私は，立ち聞きされるといけないから声を潜めました。

--------------------------------

☑ 174 すごく退屈な映画だったので，上映中に寝てしまいましたよ。

--------------------------------

☑ 175 たとえ鮨は大好きでも，私は一度に食べすぎることはしない。

## 文法チェック

171 「レインコートを着る」のは「濡れる」のを防ぐためにほかならないので，「濡れる**といけないから**」は so that you won't get wet「濡れ**ないようにするために**」という**否定の目的**にあたる。

172 「おにぎりを持って行く」からといって「途中でお腹が空く」のを防ぐことができるわけではない。
　　実際，「おにぎりを持って行く」のは so that you won't get hungry on *the* way「途中でお腹が空か**ないようにするために**」ではなく，in case you get **hungry on** *the* way「途中でお腹が空く場合に備えて」，または in case you should get **hungry on** *the* way「万が一途中でお腹が空く場合に備えて」ということになる。

　　*cf.* **Eat** *these* rice balls now so that you won't get hungry **on** *the* way.
　　「途中でお腹が空く**といけないから**（途中でお腹が空か**ないようにするために**）今このおにぎりを食べなさい」（否定の目的）

173 for fear (that) ... may ～「…が～するかもしれないのを恐れて」は，ここは lowered という**過去**から見るので **may** ではなく**過去形**の **might** を用いる。

171 You **should wear** *your* raincoat **so that** you **won't get** wet.
(あなたは，あなたが濡れないようにするために，あなたのレインコートを着る
べきである)

---

172 **Take** *these* rice balls **with** you **in case** you **get** hungry **on** *the* way.
(君が途中で空腹になる場合に備えて，これらのおにぎりを携帯しなさい)

---

173 I **lowered** *my* voice **for fear** I **might be overheard**.
(私は，私が立ち聞きされるかもしれないことを恐れて，私の声を低くした)

---

174 It **was such** *a* **boring** movie **that** I **fell asleep in** *the* middle **of** it.
(それはそのような退屈な映画だった。私がそれの最中(さなか)に眠っている〈状態〉に陥っ
たような)

---

175 **Even though** I **love** sushi, I **don't eat too much of** it **at** one time.
(私は鮨が大好きであるにもかかわらず，それでもなお，一度に多すぎる量のそ
れを食べない)

---

174 such が示す「**そのような**」とは具体的に「**どのような**」であるかを **that** 節で述べる。
次のように，so が示す「**それほど**」とは具体的に「**どれほど**」であるかを **that** 節で述べ
るものも同類にあたる。

  cf. I **was so** bored with *the* movie **that** I **fell asleep in** *the* middle **of** it.
  「映画にすごく退屈したので，上映中に寝てしまいました」

  **bore**「退屈させる」という**他動詞**に由来する**分詞形容詞**については，「退屈させる」側で
ある movie を説明する **boring** と「退屈させられる」側である I を説明する **bored** の使い
分けに注意。

175 「**たとえ S が V…するとしても**」は「S が V…する」ことが**確定**していれば even though
SV ...「S が V…するにもかかわらず，それでもなお」，そして「S が V…する」かどうかが
**不確定**であれば even if SV ...「もし S が V…するなら，それでもなお」と使い分ける。

  cf. I **won't go** even if I'm invited. 「たとえ招待されても，私は行かない」
  (「招待される」かどうかは発話時には**不確定**)

81

☑ 176 望もうが望むまいが，君は明朝8時までにここに来るしかないのです。

- - - - - - - - - - - - - - - - - - - - - - - - - - - - - - - - - - - - - - - - - - - - - -

☑ 177 ハナコさんは，相手が誰でも必ず目を見てお話しになります。

- - - - - - - - - - - - - - - - - - - - - - - - - - - - - - - - - - - - - - - - - - - - - -

☑ 178 どの候補者を選ぼうと，あまり多くを期待しないほうがいい。

- - - - - - - - - - - - - - - - - - - - - - - - - - - - - - - - - - - - - - - - - - - - - -

☑ 179 日本中どこへ行っても，きっとマクドナルドはあると思います。

- - - - - - - - - - - - - - - - - - - - - - - - - - - - - - - - - - - - - - - - - - - - - -

☑ 180 どんなに空腹でも，あまり食べすぎないほうがいいですよ。

## 文法チェック

176 whether SV ... or not / whether or not SV ... で「S が V…してもしなくても」という譲歩の副詞節になるが，次のように名詞節の場合は or not はなくても支障はない。

  *cf.* **There is some doubt as to** whether he is *the* best person for *the* position.
  「彼がその地位に最適の人物であるかどうか，少し疑わしい」
  （whether 以下は前置詞 as to の目的語となる名詞節）

177 no matter [who(o) she(S) talks(V) to]（彼女が誰と話すかはまったく問題ではなく）は，whoever(o) she(S) talks(V) to「彼女がたとえ誰と話すとしても」という譲歩の副詞節に相当する。

  なお，前置詞 to の目的語にあたる whom / whomever でも，節の先頭では主語と錯覚して，ふつうは主格の who / whoever で代用する。

178 **Whichever** candidate(O) we(S) choose(V)「たとえどの候補者を私たちが選ぶとしても」という譲歩の副詞節は，No matter [which candidate(O) we(S) choose(V)]（私たちがどの候補者を選ぶかはまったく問題ではなく）と言い換えることができる。

176 **Whether** you **like** it **or not**, you **have no choice but to be** here **by** eight tomorrow morning.
(君が好んでも好まなくても，君は明日の朝8時までにここにいる以外の選択肢を持っていない)

---

177 Hanako **never fails to make** eye contact **no matter who** she **talks to.**
(ハナコはいつであるかを問わず視線を合わせないことがない，誰と話すかはまったく問題ではなく)

---

178 **Whichever candidate** we **choose**, we **shouldn't expect too much of** them.
(私たちがたとえどの候補者を選んでも，彼らから多すぎるものを期待するべきではない)

---

179 **Wherever** you **go in** Japan, I'**m sure** you'**ll find** *a* McDonald's.
(日本でたとえどこへあなたが行こうと，私はきっとあなたがマクドナルドを見つけるだろうと思う)

---

180 You **shouldn't eat too much no matter how hungry** you **are.**
(あなたは多すぎる量を食べるべきではない。あなたがどれほど空腹であるかはまったく問題ではなく)

---

179 **Wherever**(M) you(S) **go**(V) in Japan「あなたが日本でたとえどこへ行っても」という**譲歩の副詞節**は，**No matter** [where(M) you(S) **go**(V) in Japan] と言い換えることができるが，これは同じ wherever の節でも「どこでも S が V…するところに」という**場所の副詞節**とは違う。

    *cf.* **There're** a lot of chairs. You **can sit** wherever you **like** (= anywhere you **like**).
    「椅子はたくさんあります。どこでもお好きなところにお座りください」

180 **no matter** [how **hungry**(C) you(S) **are**(V)]（あなたがどれほど**空腹**であるかはまったく問題ではなく）は，**however hungry**(C) you(S) **are**(V)「あなたがたとえどれほど**空腹**であるとしても」という**譲歩の副詞節**に代わるものになる。

    ちなみに，同じ **however** や **no matter how** でも**程度**ではなく**方法**を表すものもある。

    *cf.* **However** you **do** it, *the* result **will be** *the* same.
    「たとえどういう**方法**でそれをしても，結果は同じだろう」
    (= No matter how you **do** it, *the* result **will be** *the* same.)

83

☑ 181 私があの人（男性）のことを好きでない理由は，すごくおしゃべ
りだからです。

---

☑ 182 あの方（女性）のことは，かつて俳優だったこと以外に私は何も
知りません。

---

☑ 183 例の映画スターがもうじき結婚するという噂があります。

---

☑ 184 これから君がしなくてはいけない最大の決断は，大学に進学する
かどうかです。

---

☑ 185 本の売れ行きが著者次第であることは否定できない。

---

**文法チェック**

181 *The* reason **(that) I don't like** him **is** that. 「私が彼を好きでない理由は《それ》である」
の後に，that（それ）の具体的な内容を表す he **is** very talkative という文を続ける。

　*cf.* I **don't like** him **because** he **is** very talkative.
　「私はあの人のことが好きではありません。すごくおしゃべりだから」

182 **except that** SV ... 「S が V…することを除いて」は，接続詞 that が導く名詞節は前置詞の
**目的語にはならない**という原則の唯一の例外。
　確かに in that SV ... という言い方はあるが，だからといって，that 節はいつでも**前置詞
in** の目的語になり得るわけではなく，次のように「S が V…するという点で」にあたる意味
のときに限定して用いる特別なものと考えるのがよい。

　*cf.* Human beings **differ from** other animals **in that** they **can speak**.
　「人間は，言葉を話すことができるという点で，他の動物とは違う」

183 **There's** *a* rumor. 「〈聞き手にとって未知で不特定の〉噂が 1 つある」の後に，その噂の
具体的な内容を補足する**同格名詞節**として that SV ... を続ける。

**181** *The* reason I **don't like** him **is that** he **is** very talkative.
（私が彼を好きでない理由は，彼が非常に口数が多いことである）

---

**182** I **know nothing about** her **except that** she **used to be** *an* actor.
（私は彼女に関しては，彼女が以前は俳優だったことを除いて何も知らない）

---

**183** **There's** *a* rumor **that** *the* movie star **is going to get married** soon.
（その映画スターがまもなく結婚しようとしているという噂がある）

---

**184** *The* **biggest** decision you **will have to make is whether** you **will go to** college.
（君がしなくてはいけないだろう最も大きい決断は，君が大学に行くかどうかである）

---

**185** **There is no denying that** how well *a* book **sells depends on** who *its* author **is**.
（本がどれほどよく売れるかは，それの著者が誰であるかによることを否定できない）

---

**184** 「SがV…する」という確定したことを言うのが**接続詞 that** で導かれる**名詞節**なら，「SがV…するかどうか」という不確定なことを言うのが **if** または **whether** で導かれる**名詞節**ということになるが，このうちで **if** が使えるのは原則としてその節が**他動詞の目的語**になる場合のみで，他の場合，つまり**主語**，（この文のような）**主格補語**，**前置詞の目的語**，**同格**の場合は **whether** を用いる。

　*cf.* (i) **Take** *your* temperature **to see** <u>if</u> you **have** *a* fever.
　　　　「熱があるかどうか，測ってみなさい」（他動詞の目的語）
　　 (ii) **Whether** you **will go to** college is *the* **biggest** decision you **will have to make**.
　　　　「大学に進学するかどうかが，これから君がしなくてはいけない最大の決断です」（主語）
　　 (iii) *The* **question whether** I **should quit** *the* job **or not bothered** me **for** several days.
　　　　「仕事を辞めるべきかどうかという問題で私は数日悩んだ」（同格）

**185** How well **does** *a* book **sell?** という**疑問文**に代わる**疑問詞節** how well *a* book **sells**（MSV）が **depends** という動詞の主語に，そして Who **is** *its* author? 「それの著者は誰であるか」（CVS）という**疑問文**に代わる**疑問詞節** who *its* author **is**（CSV）が**前置詞 on** の**目的語**になる。

## 7  関係詞の節

☑ 186 「飲食店ですごく大声で話す客は迷惑ですか？」
　　　　「もちろん，迷惑です」

----

☑ 187 私の教え子の中で試験に受かったのは，あの子（女子）だけです。

----

☑ 188 犯人だと私が最初に思った男は，実は刑事でした。

----

☑ 189 高田さん（男性）は大金持ちであるが，あいにく私は違う。

----

☑ 190 私がこの夏訪れたスコットランドには湖が多い。

---

**文法チェック**

186  customers **in** restaurants + **they talk** very loudly. = [customers **in** restaurants **who talk** very loudly]（「飲食店ですごく大声で話す客」は**不特定複数**なので，先行詞の customers **in** restaurants には *the* を冠しない）

187  She **is** *the* [**only one of** *my* students **who has passed** *the* test].
　*my* students という**特定複数**のうちで，関係詞節で説明される**ただ 1 人**（**only one**）は特定単数にあたるので *the* を冠する。

　　*cf.* She **is one of** *the* [few students **who have passed** *the* test].
　　「彼女は試験に受かった数少ない生徒の 1 人である」
　　（*the* few students + **They have passed** *the* test.）

188  *The* man **turned out to be** *a* detective. + I first **thought (that) he** was *the* criminal.
= *The* [man **who** I first **thought** was *the* criminal] **turned out to be** *a* detective.

　　*cf. The* [man **whom** I first **thought to be** *the* criminal] **turned out to be** *a* detective.
　　（*The* man **turned out to be** *a* detective. + I first **thought him** to be *the* criminal.）

186 "**Do** customers **in** restaurants **who talk** very loudly **bother** you?"
   "**Of course** they **do.**"
   (「飲食店のすごく大声で話す客は，あなたを悩ますか」「もちろん彼らはそうする」)

--------------------------------------------------------------

187 She **is** *the* **only one of** *my* students **who has passed** *the* test.
   (彼女は，私の生徒たちのうちでそのテストに合格したただ1人である)

--------------------------------------------------------------

188 *The* man **who** I first **thought** was *the* criminal **turned out to be** *a* detective.
   (その犯人であると私が最初に思ったその男性は，1人の刑事であるとわかった)

--------------------------------------------------------------

189 Mr. Takada is *a* very rich person, **which** unfortunately I **am not**.
   (高田氏はすごく裕福な人であるが，あいにく私はそうではない)

--------------------------------------------------------------

190 Scotland, **which** I **visited** *this* last summer, **has a lot of** lakes.
   (私がこの夏に訪れたスコットランドは，多くの湖を有している)

---

189 人の**立場**，**身分**，**性格**などを表す**名詞**や**形容詞**を**先行詞**として，be 動詞を用いる SVC の C となる**関係詞**は who ではなく which であることに注意。

   Mr. Takada is *a* very rich person, **but** unfortunately I **am not (one)**.
   →Mr. Takada is *a* very rich person, **which** unfortunately I **am not**.

   *cf.* Joan **considered** Bill intelligent, **which** indeed he **was**.
   「ジョーンはビルを頭がよいと考えたが，確かに彼は頭がよかった」

190 Scotland という**特定**の地名について追加の説明をするために，コンマで切って**非制限用法**にする。
   ただし，**先行詞が場所**だからといって，**場所の副詞**として働く**関係副詞**の **where** を用いる理由はなく，ここは**他動詞** visited の目的語となる**目的格の関係代名詞**である **which** を用いる。

   Scotland **has a lot of** lakes. + I **visited** it *this* last summer.
   = Scotland, **which** I **visited** *this* last summer, **has a lot of** lakes. (× where)

☑ 191 友人のお姉さんは有名な歌手で，その持ち歌を歌う人は多い。

---

☑ 192 残業になるかもしれませんが，その場合は電話します。

---

☑ 193 私たちがもっと住み心地のいい家に引っ越せる日が来ればいいと私は思います。

---

☑ 194 これは，私が生まれ育った町の写真です。

---

☑ 195 あの方（男性）は，歩き方がお父さんとそっくりです。

**文法チェック**

191 *My friend's* sister **is** *a* famous **singer**. + **Many** people **sing** *her* songs.
= *My friend's* sister **is** *a* [famous **singer** *whose* songs **many** people **sing**].

　**whose** は所有形容詞の働きをかねる**関係詞**で，先行詞は「**人**」だけでなく，次のように「**物**」の場合もある。

　　*cf.* (i) **There are** many flowers *whose* names we **don't know**. （× which)
　　　　（**There are** many flowers. + We **don't know** *their* names.)
　　　 (ii) **There are** many flowers *the* names of **which** we **don't know**.
　　　　（**There are** many flowers. + We **don't know** *the* names of **them**.)
　　　　「私たちが名前を知らない花はたくさんある」

192 I may have to work overtime. + In *that* case I'll call you.
= I may have to work overtime, in *which* case I'll call you.

　この場合の **which** は，指示形容詞の働きをかねる**関係詞**で，I **may have to work overtime** という文の全体が**先行詞**になる。

**191** *My friend's* sister **is** *a* famous **singer** *whose* songs **many** people **sing**.
(私の友人の姉は1人の有名な歌手である。彼女の歌を多くの人々が歌う)

---

**192** I **may have to work overtime**, in *which* case I'll call you.
(私は残業しなくてはいけないかもしれない。その場合には，私はあなたに電話
するつもりである)

---

**193** I **hope** *the* **day** **will come** when we **can move into** *a* more comfortable house.
(私は，私たちがもっと快適な家に引っ越すことができる日が来るだろうことを願う)

---

**194** **This is** *a* photo **of** *the* **town where** I **was born and brought up**.
(これは，私が生まれ育てられた町の1枚の写真である)

---

**195** He **resembles** *his* father very closely **in** *the* **way** he **walks**.
(彼は，彼の歩き方において彼の父親に非常によく似ている)

---

**193** *the* **day will come**. + We **can move into** *a* more comfortable house then. = *the* [day **when** we **can move into** *a* more comfortable house] **will come**. では，主部が長すぎるので，*the* [day] **will come** [when we **can move into** *a* more comfortable house]. のように，関係詞節を先行詞から切り離して動詞の後に置く形を用いる。

**194** **This is** *a* photo **of** *the* town. + I **was born and brought up** there.
= **This is** *a* photo **of** *the* [town where I **was born and brought up**].

**195** 「(彼の) 歩き方」とは *the* [way in which he **walks**] にほかならないが，in which の代わりに用いる**関係副詞**は **that** (概ね省略) であって，**how** ではない。

　　*the* [way in which he **walks**]
→ × *the* [way **how** he **walks**]
　　○ *the* [way (that) he **walks**]

*cf.* Computers **have changed** *the* ways in which many kinds **of** work **are done**.
「コンピュータによって，やり方が変わってしまった仕事の種類は多い」

☑ 196 なぜベティと別れたか，ジャックが話した理由の1つがこれです。

- - - - - - - - - - - - - - - - - - - - - - - - - - - - - - - - - - - - - - - - - - - - - - - - - - - - -

☑ 197 昨夜私が寝たベッドは，あまり寝心地がよくありませんでした。

- - - - - - - - - - - - - - - - - - - - - - - - - - - - - - - - - - - - - - - - - - - - - - - - - - - - -

☑ 198 その人（女性）は，私にはまったくわからない方言で何か言いました。

- - - - - - - - - - - - - - - - - - - - - - - - - - - - - - - - - - - - - - - - - - - - - - - - - - - - -

☑ 199 夫はもう，10年前のような屈強な人ではありません。

- - - - - - - - - - - - - - - - - - - - - - - - - - - - - - - - - - - - - - - - - - - - - - - - - - - - -

☑ 200 私たちは，燃えると思うものは何でも集めました。

## 文法チェック

196　This **is one of** *the* reasons **for breaking up with** Betty. + Jack **gave** them.
　　= This **is one of** *the* [reasons (that) Jack **gave** **for breaking up with** Betty].

　　先行詞が reasons だからといって**関係副詞 why** を用いる理由はない。ただし後続の **for breaking up with ...** の代わりに **why** he **broke up with ...** とすることはできる。

　　**関係詞 that** は，このように直後が SV，または SV に準じるものであれば，それを省いた形を用いることができる。

　　*cf.* **This is** *the* [only difference (that) **there is between** them].
　　　「これは，その2つの間にある唯一の違いである」
　　　（**there is** はふつうは文頭に来るので SV に準じるものと考えられる）

197　*The* bed **wasn't** very comfortable. + I **slept in** it last night.
　　= *The* [bed **in** which I **slept** last night] **wasn't** very comfortable.
　　→*The* [bed (that) I **slept in** last night] **wasn't** very comfortable.
　　（**関係詞 that** は，直後が SV なので省略した形が可能）

90

**196** This **is one of** *the* reasons Jack **gave for breaking up with** Betty.
（これが，ジャックが提示した，ベティと別れた理由のうちの1つである）

---

**197** *The* bed I **slept in** last night **wasn't very** comfortable.
（私が昨夜眠ったそのベッドは，非常に快適であるということはなかった）

---

**198** She **said** something **in** *a* dialect I **didn't understand** *a* word **of**.
（彼女は，私が〈それの〉1語たりとも理解しないある方言で何かを言った）

---

**199** *My* husband **is no longer** *the* strong man he **was** ten years **ago**.
（私の夫はもはや，10年前に〈そうで〉あったような力強い男ではない）

---

**200** We **collected** everything we **thought would burn**.
（私たちは，燃えるだろうと私たちが思うすべてのものを集めた）

---

**198** She **said** something **in** *a* dialect. + I **didn't understand** *a* word of <u>it</u>.
→She **said** something **in** *a* [dialect *a* word of which I **didn't understand**]．（×）
　She **said** something **in** *a* [dialect (that) I **didn't understand** *a* word of]．（○）
　（否定の I **didn't** が *a* word より先行することによって「1語もわからない」となるので，逆に否定の I **didn't** が *a* word より後になる形は不可となる）

**199** *My* husband **is no longer** *a* strong man. + He **was** one ten years ago.
　= *My* husband **is no longer** *the* [strong man (that) he **was** ten years **ago**].
　（SVC の C にあたる主格の関係代名詞 that は，直後が SV なので省略した形が可能）

**200** We **collected** everything. + We **thought** that it would burn.
　= We **collected** every[thing (that) we **thought** would burn]．
　（SV の S にあたる主格の関係代名詞 that は，直後が SV なので省略した形が可能）

　また，接続詞の that は，後続の SV（<u>it would burn</u>）の S にあたる <u>it</u> が関係詞となって抜けるので，(that) we **thought** that **would burn** から「除去」して (that) we **thought** **would burn** とする必要がある。

☑ 201 多くの人に批判されたとはいえ，私は自分が正しいと思うことをしたのです。

--------------------------------------------------

☑ 202 残念ながら，あの方（男性）は人の上に立つ器ではないと思います。

--------------------------------------------------

☑ 203 私の生まれ故郷は，30 年前の面影がまったくありません。

--------------------------------------------------

☑ 204 母親は，なけなしの蓄えを我が子に与えたのです。

--------------------------------------------------

☑ 205 二人は乗った電車が違いました。道理で会わなかったわけです。

---

**文法チェック**

201 I thought (that) **something was** right.「私は**あること**が正しいと思った」
→ **what** I thought **was** right「正しいと私が思った**こと**」
先行詞を含む関係代名詞の **what** は，ここでは**他動詞 did** の目的語となる名詞節を導くと同時に，その節の内部で SVC の S として働く。

*cf.* **It was** very cold, **and** **what** **was worse**, it began to rain.
「すごく寒く，なお悪いことに，雨が降りだした」

202 **what** はここでは，先行詞を含む関係代名詞として**他動詞 have** の目的語となる名詞節を導くと同時に，その節の内部で SVO の O として働く（**what** it takes to be *a* leader「リーダーであるために必要とする**もの**」）。

*cf. My* father **is** already **what** you call "elderly."「父はすでにいわゆる『初老』です」

この **what** は主格補語（SVC の C）となる名詞節を導くと同時に，その節の内部で SVOC の O として働き，下線部の意味は「（人が）『初老』と謂フ所ノもの→所謂『初老』」となるが，受動態なら **what** is **called** "elderly" で，**what** は SVC の S にあたる。

201 Many people **criticized** me, **but** I **did** what I **thought** was right.
（多くの人が私を批判したが，私は私が正しいと思ったことをした）

---

202 **I'm afraid** he **doesn't have** what it **takes to be** *a* leader.
（私は残念ながら思う，彼がリーダーであるために必要とするものを持っていないと）

---

203 *My* hometown **is** quite **different from** what it **was** thirty years **ago**.
（私の故郷は，それが30年前に〈そうで〉あったものとはまったく違う）

---

204 *The* mother **gave** *her* child what **little** money she **had saved**.
（その母親は，自分の子どもに自分が蓄えていたわずかながらもすべてのお金を与えた）

---

205 They **took** different trains. **That's why** they **didn't meet each other**.
（彼らは違う電車に乗った。それが彼らが互いに会わなかった理由である）

[7]

関係詞の節

---

203 この what は，**前置詞 from の目的語**となる**名詞節**を導くと同時に，その節の内部で SVCM の C として働く（what it **was** thirty years **ago** 「それが30年前に〈そうで〉あったもの」，つまり「30年前のそれ」）。

    *cf.* I **owe** what I **am** today **to** Mr. Ochiai.
    「私が今日あるのは，落合先生のおかげである」
    （what I **am** today 「私が今日〈そうで〉あるもの」，つまり「今日の私」）

204 what は，**先行詞を含む関係形容詞**として**他動詞 gave の目的語**となる**名詞節**を導くと同時に，その節の内部で SVO の O にあたる**名詞を修飾**する働きをする（what **little** money(O) she(S) **had saved**(V)）。
    この **what** は「少ない」ことが前提のときに用いるのが特徴で，それは **little** という**形容詞**を伴わずに **what** money she **had saved** としても変わらない。

205 この why は，**先行詞を含む関係副詞**として**主格補語**（SVC の C）となる**名詞節**を導くと同時に，節の内部で**理由の副詞**として働く（**why**(M) they(S) **didn't meet**(V) each other(O)）。

93

☑ 206 うちでは要らなくなったものをこうして処分しています。

---

☑ 207 晴れた日には，今あなたが立っておられるところから富士山が見えます。

---

☑ 208 この件に関してマナブくんが何を言っても無視したほうがいいと思います。

---

☑ 209 私は，誰でもいいから減税を公約する人に投票します。

---

☑ 210 3つの手段のうちで，どれでも君が一番いいと思うものを選ぶといい。

**文法チェック**

206 **how** はここでは先行詞を含む関係副詞として主格補語（SVC の C）となる名詞節を導くと同時に，節の内部で**方法の副詞**として働く（**how**(M) we(S) **get rid of**(V) things we **no longer need**(O)）。

207 この **where** は，先行詞を含む関係副詞として**前置詞 from** の目的語となる名詞節を導くと同時に，節の内部で**場所の副詞**として働く（**where**(M) you(S) **are standing** (V) now(M′)）が，次のように**起点**を示す**前置詞 from** が必要な場合もある。

　　 *cf. The* kitchen **was** where *the* nice smell **seemed to be coming** from.
　　　「そのいい匂いのもとは，どうやら台所のようだった」
　　　（*The* nice smell **seemed to be coming** from *the* kitchen.）

　　 ちなみに，次の文の **when** は先行詞を含む関係副詞として主格補語（SVC の C）となる名詞節を導くと同時に，節の内部で**時の副詞**として働く（**when**(M) I(S) **am**(V) **busiest**(C)）。

　　 *cf.* Mondays **are** when I am busiest.
　　　「月曜日は，私が最も忙しい（曜日である）」

94

**206**  **This is how** we **get rid of** things we **no longer need.**
（これが，私たちがもはや必要としないものを私たちが処分する方法である）

---

**207**  **On** fine days you **can see** Mt. Fuji **from** where you **are standing** now.
（晴れている日には，あなたは，今あなたが立っているところから富士山を見ることができる）

---

**208**  I **think** you **should ignore** whatever Manabu **says about** *this* matter.
（あなたは，マナブがこの件に関して言うことは何でも無視するべきであると私は思う）

---

**209**  I'll **vote for** whoever **promises to reduce** taxes.
（私は，税金を減らすことを約束する誰にでも投票するつもりである）

---

**210**  **Choose** whichever **one of** *the* three methods you **think is best.**
（その3つの手段のうちで最善であると君が思うどの1つでも選びなさい）

---

**208**  この whatever は，複合関係代名詞として**他動詞 ignore の目的語**となる**名詞節**を導くと同時に，節の内部で**他動詞の目的語**として働く（whatever(O) Manabu(S) **says**(V) about *this* matter(M)）。
　　ちなみに，同じ複合関係代名詞でも whichever は**具体的な選択肢**を前提にする。

　　*cf.* I'll **buy** you whichever of *these* two watches you **like.**
　　「この2つの時計の**どちらでも**好きなほうを買ってあげます」

**209**  この whoever は，人を表す複合関係代名詞として**前置詞 for の目的語**となる**名詞節**を導くと同時に，節の内部で**主語**として働く（whoever(S) **promises**(V) to reduce taxes(O)）。

**210**  whichever はここでは，複合関係形容詞として**他動詞 choose の目的語**（SVO の O）となる**名詞節**を導くと同時に，節の内部で**主語**である**名詞を修飾する形容詞**として働く（whichever one of *the* three methods(S) you **think is**(V) best(C)）。

　　*cf.* I'll **give** you whichever ticket you **prefer.**
　　「どちらのチケットでもお好きなほうを差し上げます」

☑ 211 君はいざというときのために，お金はなるべくたくさん貯めておいたほうがいいと思います。

--------------------------------------------------

☑ 212 この橋は，長さがあちらのあの橋の少なくとも2倍はありそうです。

--------------------------------------------------

☑ 213 とても耐えられない痛みだったので，私は薬を飲みました。

--------------------------------------------------

☑ 214 この季節にしては暑すぎます。

--------------------------------------------------

☑ 215 ニューヨークは全米のどの都市よりも巨大です。

**文法チェック**

211 「君が貯めるべきお金」と「君が貯めることができるお金」が「量の点で等しい」ことを you **should save** as much money as you can (save) から反復にあたる2つ目の save を除去して言うが，as you can の代わりに **as possible** を使って言い換えることもできる。

*cf.* I **think** you **should save** as much money as possible for *a* rainy day.

212 倍数構文は，「**as 原級 as**」という**同等比較**の表現の前に**倍数**（twice「2倍」/ half「半分」/ **three times**「3倍」など）をつけて表すが，「**長さ**」に関するときは，as long as の代わりに *the* length of ... の形も用いることができる。

*cf. This* bridge **seems to be** at least twice *the* **length of** *that* **one over** there.

ちなみに次のものは「大きさ」に関する場合。

*cf.* (i) *My* house **is** only half **as large as** yours.
　　(ii) *My* house **is** only half *the* **size of** yours.
　　　　「私の家はお宅の半分の大きさしかありません」（yours = *your* house）

211　I **think** you **should save** as much money as you **can for** *a* rainy day.
　　（君は雨の日のために（＝万が一のときのために）君が貯めることができるのと
　　同量のお金を貯めるべきであると私は思う）

--------------------------------------------------------------------

212　*This* bridge **seems to be** at least twice **as long as** *that* **one over** there.
　　（この橋は，向こうのあの橋と同じ長さの少なくとも 2 倍はあるようである）

--------------------------------------------------------------------

213　*The* pain **was more than** I **could bear, so** I **took** *some* medicine.
　　（その痛みは，私が耐えることができる程度を超えていたので，私はいくらかの
　　薬を飲んだ）

--------------------------------------------------------------------

214　*The* weather **is warmer than** it **ought to be for** *this* time **of** year.
　　（天気は，年のこの時季の割には，それが〈そうで〉あるべきであるより暖かい）

--------------------------------------------------------------------

215　New York **is larger than any other** city **in** *the* Unites States.
　　（ニューヨークは合衆国におけるほかのどの都市よりも大きい）

--------------------------------------------------------------------

213　「その痛み」が「私が耐えることができる」よりも「**程度の点で上回っていた**」ことを言
うために，*The* pain **was more than** I **could bear** とする。

214　「現在の（**is**）天気」が「そうあるべき（**ought to be**）天気」よりも「**気温の点で上回っ
ている**」ことを言うために，*The* weather **is warmer than** it **ought to be** とする。

215　**比較の対象**から New York を**除外**する目印として **other** をつけるが，次のように**除外す
る必要がないとき**は **other** をつけない。

　　*cf.* New York **is larger than any** city **in** Europe.
　　　「ニューヨークはヨーロッパのどの都市よりも巨大である」（× **any other** city）

　　また，**anybody** や **anything** など複合語の場合は，除外の目印として other ではなく
else を用いる。

　　*cf.* Time **is more precious than anything** else.
　　　「時間はほかの何よりも貴重である」

☑ 216 健康を保つためには，もっと運動をし，甘いものを食べるのは控えたほうがいいですよ。

---

☑ 217 マサルくんとタケシくんは兄弟ですが，マサルくんのほうがお兄さんです。

---

☑ 218 授業に遅刻した生徒は，私が思っていたよりずっと少なかったです。

---

☑ 219 母は，私にはとても食べきれないほどたくさんナシを送ってきました。

---

☑ 220 確かにあの方（男性）は背が高いほうですが，息子さんはさらに長身です。

**文法チェック**

216 「**するべきである運動**」が「**現在している運動**」と比べて「**量の点で優る**」，そして「**食べるべき甘いもの**」が「**現在食べている甘いもの**」と比べて「**数の点で劣る**」ことを you **should take** more exercise (**than** you **take** now) **and have** fewer sweets (**than** you **have** now) から２つの **than** 以下を除去して言う。

217 「２人のうちの兄」は *the* older brother で，そこから *the* two brothers の brothers に対する反復にあたる brother を省いて *the* older とする。

218 *The* number **of** students **who were** late **for** *the* class **was** much smaller than **I had expected** (it **would be**). から先行する SV と同一の SV にあたる it **would be** を省いて言う。

「比較の対象との差が大きい」ことを言うときには，「**much ＋比較級**」のほかに「**a lot ＋比較級**」や「**far ＋比較級**」なども用いることができる。

*cf. The* female lion **is** *a* far better **stalker and hunter** than *the* male lion.
「雌ライオンは雄ライオンよりも獲物に忍び寄って捕まえる能力がはるかに優れている」

216 **In order to stay in** good health, you **should take** more exercise **and have** fewer sweets.
（良好な健康状態であり続けるためには，あなたはもっと多量の運動をし，もっと少数の甘いものを食べるべきである）

217 **Of** *the* two brothers, Masaru **and** Takeshi, *the* **former is** *the* **older.**
（マサルとタケシという2人の兄弟のうちで，前者が年上である）

218 *The* number **of** students **who were** late **for** *the* class **was** much **smaller than I had expected.**
（授業に遅れた生徒の数は，私が予想していたよりずっと少なかった）

219 *My* mother **sent** me many **more** pears **than** I **could eat.**
（私の母は私に，私が食べることができるよりずっと多数のナシを送ってきた）

220 **It's true that** he **is rather tall, but** *his* son **is** even taller.
（彼がかなり長身であることは事実であるが，彼の息子はさらに長身である）

---

219 「数が多い」ことを表す many の比較級にあたる **more** を強めて「比較の対象との差が大きい」，つまり「〈比較の対象より〉ずっと数が多い」ことを言うときには，**副詞として** much ではなく **many** を用いて many **more** とする必要があるが，many の代わりに a lot や far を用いて **a lot more** や far **more** とするのは差し支えない。

　一方，同じ **more** でも，それが「量が多い」ことを表す much の比較級にあたるときは，「〈比較の対象より〉ずっと量が多い」ことを言うためには，逆に many ではなく much を用いて much **more** とする必要があるが，much の代わりに a lot や far を用いる **a lot more** や far **more** でも支障はない。

　　cf. *His* wife **earns** much **more** money **than** he **does.**
　　　「彼より奥さんのほうが稼ぎがずっと多い」（× many more money）

220 「比較の対象との差が**大きい**」とは限らないが，「何かの点でもとよりレベルが高い比較の対象よりさらに上回る」ことを言うときには，「**even**（または **still / yet**）＋**比較級**」の形を用いるが，ここは**比較の対象**が既出なので ... even taller (than he is) から than 以下を省いた形にする。

☑ 221 　伯父は **70** 歳ですが，見た目は実年齢ほど老けていません。

--------------------------------------------------

☑ 222 　私はふだん，必要額を超えるお金を持ち歩きません。

--------------------------------------------------

☑ 223 　日本中で東京ほど地価が高い都市はない。

--------------------------------------------------

☑ 224 　私はあんなにおいしいオレンジジュースを飲んだことがありませんでした。

--------------------------------------------------

☑ 225 　こんなに寒い冬を経験するのは私には **10** 年ぶりです。

---

**文法チェック**

221 　**but** 以下は，「見た目の年齢」が「実際の年齢」より「下回る」ことを言うために，(*My* uncle) ... **looks** <u>**less old than**</u> he really **is**. の代わりに (*My* uncle) ... **doesn't** **look** <u>**as old as**</u> he really **is**. とする。

222 　**don't carry** <u>**more** money **than**</u> I **need** は「必要額までは持ち歩くが，それを超えない」ということ。
　　また，**more** は限定用法（修飾語として名詞を説明する用法）の形容詞 **much** の比較級なので修飾される money の前にきて **more** money **than** ...（× money **more than** ...）となる。

　　ちなみに，**don't carry** <u>**as much** money **as**</u> I **need**「必要とするほどのお金を持ち歩かない」では，「必要額に満たない」ので買い物などのときに困る。

223 　Land prices **are higher in** Tokyo **than** (they **are**) **in** *any* other city **in** Japan.（A ＞ B 型）
→ **In no** other city **in** Japan **are** land prices **as high as** (they **are**) **in** Tokyo.（B ＜ A 型）（否定の副詞句から始まる倒置）→ **There is no** other city **in** Japan **in which** land prices **are as high as** (they **are**) **in** Tokyo.（当該の文は **in which** を関係副詞 **where** に置き換え，かつ反復にあたる they **are** を除去したものにあたる）

221 *My* uncle **is** seventy years old **but doesn't look as old as** he really **is**.
（私の伯父は 70 歳であるが，実際に彼が〈そうで〉あるほどには見えない）

222 I usually **don't carry** more money **than** I **need**.
（私はふだん，私が必要とするより多くのお金を携帯しない）

223 **There is** no other city **in** Japan **where** land prices **are as high as in** Tokyo.
（日本には，土地の値段が東京においてほど高い都市はほかにない）

224 That **was** *the* **most delicious** orange juice I'**d ever had**.
（あれは，私がいつであるかを問わずそれまでに飲んだ最もおいしいオレンジジュースだった）

225 This **is** *the* **coldest** winter I'**ve experienced in** *the* past ten years.
（これは直近の 10 年で私が経験した最も寒い冬である）

---

224 I'd never **had** such delicious orange juice **as** that **before**. と字面どおり**否定**で言う代わりに，ever と最上級を用いて**肯定**で言う。

*the* **most delicious** orange juice **(that)** I'd **ever had**
「いつであるかを問わず（ever）私がそれまでに飲んだ最もおいしいオレンジジュース」
（ever は *at any* time にあたる副詞）

225 **現在の時点**に至る直近の 10 年だけに時間を限定しているので，「〈私が生まれてこの方，現在の時点までのすべての時間にわたって〉いつであるかを問わず」にあたる ever を用いる形にはしない。

ただし，次のように「〈私が生まれてこの方，現在の時点に至るまでのすべての時間にわたって〉いつであるかを問わず」ということであれば ever を用いる。

*cf.* This **is** *the* **coldest** winter I've **ever experienced**.
「こんなに寒い冬を私は今まで経験したことがありません」
（←これは，私が〈今までの〉いつであるかを問わず（ever）経験した最も寒い冬である）

☑ ⬜226 まさかあの人（男性）にロンドンで出会うとは，思ってもみなかった。

- - - - - - - - - - - - - - - - - - - - - - - - - - - - - - - - - - - - - - - - - - - - - - - - -

☑ ⬜227 姉のユミはピアノを弾いているときが一番楽しいそうです。

- - - - - - - - - - - - - - - - - - - - - - - - - - - - - - - - - - - - - - - - - - - - - - - - -

☑ ⬜228 個々の人間の価値は，財産ではなくむしろ人格にある。

- - - - - - - - - - - - - - - - - - - - - - - - - - - - - - - - - - - - - - - - - - - - - - - - -

☑ ⬜229 最近は外国に留学する日本人学生がますます少なくなっているそうです。

- - - - - - - - - - - - - - - - - - - - - - - - - - - - - - - - - - - - - - - - - - - - - - - - -

☑ ⬜230 私はその人（女性）の名前すら知らないのです。ましてやどんな仕事をしている人かなどわかるわけがありません。

---

**文法チェック**

⬜226 **be 動詞**を用いる SVC の S，または C となる名詞に **late** の最上級である **last** を伴うことによって，「～する最後の…」が「最も～しない…」という**否定**にあたる。

    *cf.* *The* last thing he **wants to be reminded of is** *his* family.
    「彼は家族のことなど決して思い出したくもない」
    （←彼が思い出したい最後のものは，彼の家族である）

⬜227 **形容詞**は**最上級**でも**比較級**でも，このように SVC の C となる**叙述用法**のときは，後ろに**修飾**される**名詞**を伴わないので *the* を冠する理由がない。

    *cf.* (ⅰ) *This* lake **is** deepest **here.**「この湖はここが一番深い」（叙述用法）
    (ⅱ) *This* lake **is** *the* deepest **in** *this* region.「この湖は，この地方で一番深い（湖である）」
        （*the* deepest lake から反復にあたる lake を除去した**限定用法**）
    (ⅲ) *My* sister **is** three years older **than I am.**「姉は私より３つ年上です」（叙述用法）
    (ⅳ) **Of** *the* two sisters, Becky **is** *the* older.
        「二人姉妹のうちでベッキーのほうがお姉さんです」
        （*the* older sister から sister を除去した**限定用法**）

226 He **was** *the* last person I **expected to run into in** London.
（彼は，私がロンドンで出くわすだろうと予想する最後の人だった）

227 *My* sister Yumi **says** she **feels** happiest **when** she **is playing** *the* piano.
（私の姉，ユミはピアノを弾いているときに最も楽しい気分であると言う）

228 *A person's* worth **lies** not so much **in what** he or she **has as in what** *that* person **is**.
（1人の人間の価値は，その人が何者であるかほどには彼または彼女が何を持っているかにはない）

229 People **say that** fewer and fewer Japanese students **are studying** abroad *these* days.
（人々は，最近ますます少数の日本人の学生が外国で勉強するようになっていると言う）

230 I **don't even know** *her* name, much less **what** she **does for** *a* job.
（私は彼女の名前を知りさえしない。彼女が仕事で何をしているかは，ずっと知らない）

---

228 not so much A as B「BほどにはAでない」は，AとBを逆にすれば「どちらかというとAよりはBである」（B rather than A）という理屈になる。

cf. *A person's* worth **lies in what** he or she **is** rather than **in what** *that* person **has**.

ちなみに，not so much as ～は「～するほどのこともしない」，つまり「～することすらしない」（= not even ～），そして without so much as ～ing「～することすらしないで」（= without even ～ing）はその応用にあたる。

cf. He **left** without so much as **saying** good-bye **to** me.
「彼は私にさようならを言うことすらしないで行ってしまいました」

229 fewer and fewer を**進行形**とともに用いて，**数**が**減少中**であることを言う。

230 not A, much less B で「Aしない。〈それより〉ずっとBしない」，つまり「Aしない。ましてやBはなおしない」という理屈になるが，much less の代わりに still less や even less を用いることもできる。

☑ 231 人は，年を取れば取るほど無邪気でなくなるといいます。

☑ 232 誰しも，見るなと言われるといっそう見たくなるものである。

☑ 233 患者は，薬を飲んだ甲斐もなく，少しもよくなっていない。

☑ 234 どんなに賢い類人猿でも，空を飛ぶことができないのと同様に，言葉を話すことはできない。

☑ 235 確かに愛は大切であるが，お金もそれに劣らず大切である。

---

文法チェック

231 *the* 比較級から始まる従属節と，後続の *the* 比較級から始まる主節で「…すればするほど，その分だけいっそう…する」という比例関係を表す。

[*the* older(C) we(S) get(V)][M]，*the* less innocent[C] we[S] become[V].

232 all *the* 比較級は，多くは後続の for ... や because SV ... が示す理由を受けて，「その分だけ（*the*）いっそう…」を強調する表現になるが，ここは先行する When you are told not to look at something によってすでに理由にあたるものが示されているので，後ろに改めて理由を表す句や節を伴う形にはならない。

233 none *the* 比較級は，後続の for ... や because SV ... が示す理由を受けて，「その分だけ（*the*）いっそう…」を真っ向から否定する表現になる。
ただし，次のように先行する He has a lot of faults という文がそうした理由にあたる場合は，232と同様に，後ろに理由を表す句や節は不要になる。

*cf.* He **has** a lot of faults, I **admit**, but still I **trust** him none *the* less.
「確かに彼には欠点が多いが，それでも私の彼への信頼は揺るがない」

231  **It is said that** *the* older we **get,** *the* less innocent we **become.**
（私たちがより年を取れば取るほど，その分だけいっそう私たちは無邪気でなくなると言われる）

-------------------------------------------------------

232  **When** you **are told not to look at** something, you **become all** *the* **more eager to do so.**
（人が何かを見るなと言われるときには，人はその分だけいっそうそうしたくなる）

-------------------------------------------------------

233  *The* patient **is none** *the* **better for taking** *the* medicine.
（その患者は，その薬を飲んだおかげで，その分だけいっそう具合がよいということがまったくない）

-------------------------------------------------------

234  **Even** *the* **brightest of** apes **can no more speak than** they **can fly.**
（最も賢い類人猿でさえも，話すことができないのは，彼らが飛ぶことができないのと同じである）

-------------------------------------------------------

235  **It is true that** love **is** important, **but still,** money **is no less important.**
（愛が大切であることは事実であるが，それでもなお，お金はそれより少しも劣ることなく同じくらい大切である）

---

234  they **can fly**「彼らが（空を）飛ぶことができる」という誰もが否定することと比べて優るところがまったくなく（no more ... than / not ... any more than）て同じく否定である，ということから「最も賢い類人猿でも，（空を）飛ぶことができないのと同様に，（言葉を）話すことはできない」，または「どんなに賢い類人猿でも（言葉を）話すことができないのは，（空を）飛ぶことができないのと同じである」という理屈になる。

　　*cf.*(i) *A* dolphin **is** no more *a* fish **than** *a* pig **is.**
　　　 (ii) *A* dolphin is not *a* fish any more than *a* pig is.
　　　　　「海豚（イルカ）が魚でないのは，豚が魚でないのと同じである」

235  「大切である」という点で誰もが肯定する love「愛」と比べて劣るところがまったくなく（no less ... than）て同じく肯定である，ということから「お金は，愛に劣らず同じくらい大切である」という理屈になるが，比較の対象が既出なので money **is no less important** (than love) の than love は不要。

　　*cf. A* dolphin **is** no less *a* mammal **than** *a* pig **is.**
　　　　「海豚（イルカ）が哺乳類であるのは，豚が哺乳類であるのと同じである」

# 9 it の構文

☑ 236 タクシーに乗ってください。駅まではかなり距離があります。

---

☑ 237 もう5時半です。あっという間に暗くなりますよ。

---

☑ 238 もうじき私たちも宇宙旅行ができるようになるでしょう。

---

☑ 239 こんなすてきなお店で食事するのは，半年ぶりね。

---

☑ 240 国際政治のことになると，あの人（男性）には知らないことがないと言っても過言ではない。

## 文法チェック

236 格別な意味のない代名詞として **it** を主語として用いて，距離がどれほどであるかを言うが，次の例は疑問文の場合。

> *cf.* **How far** **is it** from here to *the* railway station?
> (**What** **is** *the* distance **from** here to *the* railway station?)
> 「ここから駅までの距離はどれくらいありますか」

また，「タクシーに乗ってください」は**助言**や**忠告**であって，発言者が相手に**依頼**する場合にはあたらないので，please をつけて Please take *a* taxi. とはしない。

237 時刻，および明暗を述べる文の主語として **it** を用いる。
この **it** はほかに**天候，寒暖，状況**などを表す文の主語としても用いることができる。

> *cf.* (i) **It rains** **a lot** here **in** June. 「6月に当地は降雨量が多い」（**天候**）
> (ii) **It's getting colder** **day by day**. 「日増しに寒くなってきている」（**寒暖**）
> (iii) **It seems that** they **got** married last week.
> 「二人は先週結婚したらしい」（**状況**）

236 **Take** *a* taxi. **It's** *a* long way **to** *the* railway station.
（1台のタクシーを利用せよ。その鉄道の駅までは長い道のりである）

---

237 **It's already** half past five. **It'll be dark in no** time.
（すでに5時を半時間過ぎている。ゼロの時間の経過で暗くなるだろう）

---

238 **It won't be long before** we**'re able to travel in** outer space.
（私たちが宇宙空間で旅することができるようになる前は，〈時間が〉長くないだろう）

---

239 **It's been half** *a* year **since** we last **ate at** *a* nice restaurant **like** this.
（私たちがこの前このようなすてきな飲食店で食事をしてから半年である）

---

⑨
it
の
構
文

240 **When it comes to** international politics, **it is no exaggeration to say that** he **knows** everything.
（国際政治のことになると，彼は何でも知っていると言うのはまったく誇張ではない）

---

238 **it** を **be 動詞の主語**として用いて，**before** 以下が示す**未来**までの**時間**が「長くないであろう」ことをいう。

　ただし，**肯定文では long** という形容詞1語ではなく *a* **long** time や **some** time などのように2語以上になるものを用いる。つまり，**It'll be** <u>long</u> **before** SV ... とはしない。

*cf.* **It'll be** <u>some</u> time **before** they **find** *a* cure **for** *this* disease.
「この病気の治療法は当分見つからないだろう」

239 **it** を**現在完了形**，または**単純現在形**の **be 動詞**の主語として用いて，**since** 以下が示す**過去**から**現在**までの**時間**を表す。

*cf.* **It's half** *a* year **since** we last **ate at** *a* nice restaurant **like** this.

240 **it** には格別な意味はなく，少なくともここは **when it comes to** ...「…のことになると」というセットの表現として覚えて使えばよい。

　また，「…は過言ではない」は，**it is not too much to say that** ... とも言える。

☑ 241 君が札幌で新しい仕事を見つけるのは難しいと思う。

---

☑ 242 そうしたいじめっ子に立ち向かうんだから、君はなかなか勇敢
だったよ。

---

☑ 243 屋内を暖房する装置のおかげで、快適な生活と労働が可能になっ
た。

---

☑ 244 あなたの足なら、バス停まではせいぜい 10 分でしょう。

---

☑ 245 世界一周の船旅には、相当なお金がかかります。

---

**文法チェック**

241 it は後続の真主語である **to find** ... を受ける**仮主語**にあたるが、ここは聞き手である you に限定される行為なので**意味上の主語**として **for** you を伴う形になる。

242 **It** [be 動詞] 形容詞 **of** somebody **to** ~ . の形で、**to 不定詞句**で表される行為を通じて、人の**性格**や**態度**について述べる。
　　ここは、「…に立ち向かうことは、**君の**非常に勇敢な〈一面〉だった」、つまり「…に立ち向かうとは、君は非常に勇敢だった」という考え方になる。
　　この構文では **brave** のほかに **careless / impolite / kind / rude / sensible / stupid** など、人の**性格**や**態度**を表す形容詞を用いる。

243 SVOC の O となる **to 不定詞句**を受ける**仮目的語**として it を用いるが、次のように目的語にあたるものが物理的に長くても **to 不定詞句**や **that 節**でない場合は、**仮目的語構文**を用いることはできない。

　　*cf. The* **discovery that** coal **could be burned** made possible *the* kind **of** industrial society **in which** we **live**. 「石炭は燃やすことができるとわかったおかげで、我々が今暮らすような工業社会が可能になった」(SVCO)

241 I **think** it'll be difficult for you to find *a* new job **in** Sapporo.
（君にとって札幌で新しい仕事を見つけることは難しいだろうと私は思う）

----

242 **It was very brave of** you to stand up **to** *those* bullies.
（それらのいじめっ子に立ち向かうことは，君の非常に勇敢な〈一面〉だった）

----

243 Indoor heating systems **have made it possible** for people to live and work **in** comfort.
（屋内の暖房装置は，人々が快適に生きて働くことを可能にした）

----

244 **It won't take** you **more than** ten minutes to get **to** *the* bus stop.
（そのバス停に到達することは，あなたに 10 分より多くを要することはないだろう）

----

245 **It costs** *a* huge **sum of** money to sail **around** *the* world.
（世界をあちらこちら回って航行することは，莫大な額のお金を支払わせる）

⑨
it
の
構
文

---

244 it から始まる，動詞として **take** を用いる SVO'O 型の文で，後続の **to 不定詞句**で表される行為の O' にとっての**所要時間**を**予測**するために **will** を用いる形にする。

ただし，次のように誰の行為であるかを特定させないときは O' なしの SVO 型になるが，これは**予測ではなく，いつも不変のこと**と考えられるので**単純現在形**を用いることになる。

*cf.* It doesn't take **more than** ten minutes **to get to** *the* bus stop.
「バス停までの所要時間は，せいぜい 10 分です」

245 It から始まる，動詞として **cost** を用いる SVO 型の文で，後続の **to 不定詞句**で表される行為の**所要金額**を述べるために**単純現在形**で言う。

ただし，次のように誰の行為であるかを特定させるときは O' が必要なので SVO'O 型の文になるが，過去の事実なので**単純過去形**（cost - **cost** - cost）を用いることになる。

*cf.* It cost me 50,000 yen **to have** *my* PC fixed.
「私のパソコンを修理するのに 5 万円かかりました」

☑ 246 言っておきますが，私に腹を立てても無駄ですよ。

---

☑ 247 自分が罰を受けることになろうとは，あの人（男性）には思いも
よらなかった。

---

☑ 248 出る前に，しっかり戸締りをしてね。

---

☑ 249 大事なのは何をするかであって，どうするかではない。

---

☑ 250 健康のありがたみは，失ってみて初めてわかるものである。

---

**文法チェック**

246 it is no use ～ing / it is no good ～ing「～することは無駄である」は，後続の**動名詞
句**を真主語とする**仮主語構文**で，次の文でおなじみのもの。

*cf.* It's no use crying over spilt milk.
「覆水盆に返らず」（←こぼれた牛乳のことを嘆くことは無駄である）

247 It occurs to somebody that SV ...「SがV…するという考えが，ふと誰かの頭に浮かぶ」は，
後続の **that 節**を真主語とする**仮主語構文**。
　　**that 節**の動詞は，ここでは主節の「**occurred** が示す**過去**」から見た未来にあたるので過
去形の **would** を用いる。

248 see (to it) that SV ...「S が V…するよう気をつける（取り計らう）」で，仮目的語の **it** を
用いない場合は **see that** SV ... であって，**see to that** SV ... ではない。
　　また，この **that 節**ではふつうは**現在形の動詞**を用いる。

*cf.* I'll see to it that it doesn't happen again.
「二度とそういうことが起こらないように注意します」

110

**246** I **tell** you **that** it's no good being **angry with** me.
（私はあなたに言う。私に立腹することは無駄であると）

-----

**247** **It never occurred to** him **that** he **would be punished**.
（彼が罰せられるだろうということは，決して彼の頭に浮かぶことがなかった）

-----

**248** **See to it that** all *the* doors **are locked before** you **leave**.
（あなたが出る前に，ドアのすべてが施錠されるよう気をつけなさい）

-----

**249** It's **what** you **do that matters, not** *the* way you **do** it.
（重要であるのは，人が何をするかであって，人がそれをするやり方ではない）

-----

**250** **It is not until** you **lose** *your* health **that** you **realize** *its* value.
（あなたの健康を失うまではない。あなたがそれの価値に気づくことは）

---

**249** **What** you **do**(S) **matters**(V). 「何をするかが重要である」のSにあたる **what you do** を It is と that の間に置いて強調する。

　　<u>**What** you **do**</u>(S) **matters**(V). → It is <u>**what** you **do**</u> [that(S) **matters**(V)].

　ちなみに，*the* [**way** <u>you **do** it</u>] は，*the* [**way that** <u>you **do** it</u>] から**関係副詞 that** を省いたものにあたるが，これは **how** の**節**で言い換えることができる。

　*cf.* It's **what** you **do** that **matters, not** <u>**how** you **do** it</u>.

**250** You **do** not **realize** *the* value **of** *your* health **until** you **lose** it. 「人は自分の健康の価値に気づかない。それを失うまで」→ It is **not until** you **lose** *your* health [**that** you **realize** *its* value]. 「自分の健康を失うまではない，人がそれの価値に気づくのは」という理屈になる。

　次のように，**否定**の**副詞節**を文頭に出して後続を**倒置**する**強調構文**もある。

　*cf.* **Not** until you **lose** *your* health **do** you **realize** *its* value.

☑ 251 「大学卒業後はどうするつもりなんだ？」
「ああ，まだ決めてないんだ」

---

☑ 252 機械のどこが故障か私には見てすぐわかりました。

---

☑ 253 「あなたの会社では定年は何歳ですか？」
「65 歳です」

☑ 254 「あの車はいつから乗ってるの？」
「そうだな，もう 5 年以上になるね」

---

☑ 255 「バスはあとどれくらいで出ますか？」
「10 分かそこらで出ます」

---

文法チェック

251 「どうする」の「どう」は，他動詞 do の目的語なので疑問代名詞 what であって，疑問副詞 how ではない。

   *cf.* We have been arguing about how industrial waste should be disposed of.
    「私たちは，産業廃棄物がどう処理されるべきかについて論議してきた」

252 「どこが」は was wrong の主語なので，「どこで」や「どこへ」にあたる疑問副詞 where を用いる理由はないが，それは次のように「どこ」が主格補語の場合も同様。

   *cf.* "What's the capital of Canada?" "It's Ottawa."
    「カナダの首都はどこですか」「オタワです」（× Where）

253 What is *his* age?「彼の年齢はいくつですか」（× How old is *his* age? →○ How old is he?「彼は何歳ですか」）を参考にするとよい。

   *cf.* What is the height of *that* mountain?「あの山の高さはどれくらいありますか」
    （× How high is *the* height of *that* mountain? →○ How high is *that* mountain?）

251 "**What are** you **going to do after** you **graduate from** college?"
"Oh, I **haven't decided yet**."
(「大学卒業後にあなたは何をするつもりか」「ああ，私はまだ決めていない」)

---

252 **It didn't take** me **long to see what was** wrong **with the** machine.
(その機械に関して何が不具合かを見て知ることは，私には長い時間を要さなかった)

---

253 "**What is the** retirement age **where** you **work**?"
"It's sixty-five."
(「あなたが働いているところでは退職年齢はいくつか」「それは 65 である」)

---

254 "How long **have** you **had** *that* car **of yours**?"
"**Well, for more than** five years."
(「どれほど長く，あなたはあなたのあの車を所有しているか」「そうだな，５年超の間」)

---

255 "How soon **does** *the* bus **leave**?"
"**In** ten minutes **or so**."
(「どれほどすぐに，そのバスは出発するか」「10 分かそれくらいで」)

---

254 「(過去の) いつから」は，ふつうは Since when ではなく How long 「どれほどの時間にわたって」を用いて，**過去から現在までの継続**を表す**現在完了形の疑問文**にする。
そして応答は Well, (I have had it) for more than five years. から反復部分を省いて言う。

また，「５年以上」は厳密には「５年」ちょうどを含む (≧５年) に違いないが，現実には「５年超」(＞５年) のつもりで発言するのがふつうなので，ここは at least five years ではなく，more than five years とする。

ちなみに，同じ how long でも「〈現在から未来に向けての〉どれほどの時間にわたって」であれば，それは日本語の「いつまで」にあたる。

cf. "How long **are** you **staying in** Japan?" "For two months."
「**いつまで**日本に滞在なさいますか」「２ヵ月を予定しています」

255 「あとどれくらいで」とは，「今後の**時の経過**がどれほどであるか」を問うものとして How soon 「どれほどすぐに」とするが，応答は，(It leaves) in ten minutes or so. から反復にあたる It leaves を省いたものになる。

113

☑ 256 「仙台は上野にあまり近くないですよね？」
「ああはい，かなり遠いですよ」

---

☑ 257 「お隣に座っても構いませんでしょうか？」
「構いませんよ。どうぞ」

---

☑ 258 「今夜のパーティーに行くの？」
「行かないと思う。やらなくてはいけない仕事が少しあるから」

---

☑ 259 「江戸川乱歩を知ってるか？」
「もちろん知ってるけど，作品は読んでない」

---

☑ 260 「君は自分を誰だと思っているんだ？」
「うーん，自分が思い上がっているとは思わないけど」

---

### 文法チェック

256　**it's quite far**（= Sendai's quite far）は形は**肯定文**でも，問いの文の表現に合わせて答えれば **it's not (very close to Ueno)** という**否定文**にあたるので，応答は **no** から始める形になる。ただし，「あまり近くないですよね」という**否定**の問いに同じく**否定**で答えることで相手に**賛成**しているので **no** が日本語では「はい」にあたる。

257　「私があなたの隣に座るなら，あなたは嫌ですか」という問いに，「いいえ，〈嫌ではありません〉」と**否定**で答えて，**go ahead**「（ためらわず）前に進め」，つまり「そうしてください」と続ける。

　ちなみに，座ってほしくなくて断るときの典型的な応答は次のようになる。

　*cf.* "**Do you mind if** I **sit next to** you?" "**I'd rather you didn't.**"
　「お隣に座っても構いませんでしょうか」「ご遠慮ください」
　（092 を参照）

258　**I'm afraid not.**「残念ながらそうではないと思う」で，**not** は **that I will not be going to** *the* party tonight にあたる。

256　"Sendai**'s not** very **close to** Ueno, **is** it?"
　　　"Oh **no**, it**'s** quite far."
　　　(「仙台は上野にすごく近くはないですよね」「ああはい，(そこは) かなり遠いです」)

---

257　"**Do you mind if** I **sit next to** you?" "**No, go ahead.**"
　　　(「もし私があなたの隣に座るなら，あなたは嫌ですか」「いいえ，そうしてください」)

---

258　"**Will you be going to** *the* party tonight?"
　　　"**I'm afraid not.** I**'ve got** *some* work **to do.**"
　　　(「あなたは今夜そのパーティーに行く予定なのか」「私は残念ながら行かないと思う。私は多少のするべき仕事を持っている」)

---

259　"**Do you know** who Edogawa Rampo **is**?"
　　　"Of course I **do, but** I **haven't read any of** *his* works."
　　　(「あなたは江戸川乱歩が誰であるかわかるか」「もちろんわかるが，私は彼の作品のどれも読んでいない」)

---

260　"**Who** do you think you **are**?"
　　　"**Well,** I **don't think** I**'m being** arrogant."
　　　(「あなたは，あなたが誰だと思っているのか」「そうだな，私は思わない，私が横柄な態度を取っていると」)

---

259　「知っている」かどうかの問いなので **Do you know** から始めるが，目的語となる**疑問詞節**は who Edogawa Rampo **is**「江戸川乱歩が誰であるか」(CSV) であって，who **is** Edogawa Rampo「誰が江戸川乱歩であるか」(SVC) ではない。

260　「思う」かどうかではなく，「誰」であるかの問いなので，**Who** から始めて，**Who** do you **think** you **are**? (**Who** ... you are は C ... SV) とする。
　　ただし，次のように who が SVC の C (主格補語) ではなく，SVC の S (主語) にあたるときの語順の違いに注意。

　　　*cf.* **Who** do you think **will be** next prime minister **of** Japan?
　　　「誰が日本の次期首相になると思いますか」
　　　(**Who** ... **will be** next prime minister **of** Japan は S ... VC)
　　　(応答は I think ... **will be** (next prime minister **of** Japan). 「私は…が (日本の次期首相に) なるだろうと思います」から反復にあたるカッコ内を除去したものになる)

　　また，**I'm being** arrogant は，「私は〈性格が**恒常的に**〉横柄である」ではなく，「私は〈**意図して一時的に**〉横柄な態度を取っている」という意味。⇒ 053

☑ 261 私たちは誰も，あの子（女性）が家族のことを話すのを聞いたことがありません。

---

☑ 262 私には，その人（男性）が誰なのか，何者なのか，また住まいがどこなのかさえもわかりません。

---

☑ 263 英語は「万国共通の言語」というが，世界中どこでも通じるわけではない。

---

☑ 264 ベーブ・ルースを知らない野球ファンはまずいない。

---

☑ 265 私は，この通りを歩くと必ず誰か知っている人に出会います。

---

## 文法チェック

261 「我々 3 人以上のうちのどの 1 人であるかを問わず…ない」を意味する none of us は三人称単数にあたるので本来は **None of us has ever heard** her **talk about** *her* family. となるが，実際は三人称複数として用いることが多い。

    *cf.* **Neither of** us **has ever heard** her **talk about** *her* family.
    「私たちはどちらも，彼女が家族のことを話すのを聞いたことがない」
    （us は 2 人）

262 not ... (either) A or B で「A または B のいずれであるかを問わず…ない」，つまり「A も B も…ない」という 2 つを対象とする全体否定にあたるが，ここは，後にもう 1 つ加わって not ... A or B, or even C「A も B も，また C さえも…ない」という関係になる。

    *cf.* "**Have** *a* good trip," he **said, looking** just a bit **sad that** he **couldn't go** too.
    「『旅行を楽しんできてね』と彼は言ったが，自分もまた行けるわけではないことで，いくぶん悲しそうな顔をしていた」（he **couldn't go** either「自分も行けない」という全体否定ではなく，he **couldn't go** too「自分も行けるわけではない」という部分否定になることに注意）

261 **None of** us **have ever heard** her **talk about** *her* family.
（いつであるかを問わず，私たちのどの1人も彼女が彼女の家族について話すのを聞いたことがない）

---

262 I **don't know who or what** he **is, or even where** he **lives.**
（私は，彼が誰であるかも何者であるかも，彼がどこに住んでいるかさえも知らない）

---

263 English **is called** *the* "universal language," **but** you **can't communicate in** it **in every** part **of** *the* world.
（英語は「世界共通の言語」と呼ばれるが，人は世界のすべての地域でそれで意思疎通できるわけではない）

---

264 **There is** hardly any baseball fan **who does not know of** Babe Ruth.
（ベーブ・ルースのことを知らない野球ファンはほとんどいない）

---

265 I **can't walk along** *this* street **without running into someone** I **know.**
（私は，誰か私が知っている人に出会うことなしに，この通りに沿って歩くことはできない）

---

263 every を否定することによって，「**すべての…というわけではない**」という，3つ以上を対象とする**部分否定**になる。

264 主節で**準否定**の hardly，そして**関係詞節**で**否定**の not を用いることで二重否定になるが，この2つを**同一の節**で用いることはできない（× **Hardly any** baseball fan **does not** know of Babe Ruth.）ので，代わりに次のように**肯定文**にする。

   *cf.* **Almost every** baseball fan **knows of** Babe Ruth.
    「ほとんどすべての野球ファンがベーブ・ルースを知っている」

265 二重否定は，**否定を否定**することによる**肯定文**にあたるので，**否定を表す without** の後でも **anyone** ではなく，**肯定文**の場合に準じて **someone** を用いる。

   同様に，「人」ではなく「物」や「こと」にあたるときは **something** を用いる。

   *cf.* He **could not** speak **without** saying something disagreeable.
    「口を開けば必ず何か嫌味を言う男だった」

☑ 266 熱湯を飲むことはできない。そんなことをしたら火傷(やけど)する。

---

☑ 267 スティーブには，自分が乗る高価な車を買うだけのお金はありません。

---

☑ 268 エマは夫を迎えに，ユイは夫を見送りに空港へ行きました。

---

☑ 269 日本人の風俗習慣をアメリカ人と比較してみるのは面白い。

---

☑ 270 私は去年オーストラリアで見るまでコアラを見たことがありませんでした。

## 文法チェック

266 人間の一人一人の行為である以上，主語の you は単数なので，他動詞 burn の目的語となる再帰代名詞は yourself であって，yourselves ではない。

また，「人は誰でも」にあたる一般人称の you は「あなた方」という二人称複数ではないので，それを断るために直訳調の和訳文では便宜上「あなた」とした。

267 「自分が乗る高価な車」とは，「スティーブ自身が所有して利用する値段の高い車」のことにほかならないので，三人称単数男性の再帰代名詞である himself の所有格にあたる his own を用いるが，「買う」のは不特定単数の車なので an expensive car of his own となる。

268 Emma **went to** *the* airport **to meet** *her* husband, **and** Yui (**went to** *the* airport) **to see** *her* husband **off**.（反復にあたるカッコ内は除去）で，所有格と名詞から成る *her* husband の反復を避けるために2つ目は独立所有格の hers を用いる。間違えて her's としないように。

*Yui's* husband → **Yui's**
*her* husband → **hers**（× her's）

266 **You cannot drink boiling** water.　**If you do, you will burn** yourself.
（あなたは沸騰している水を飲むことはできない。もしあなたがそれをすれば，
　あなたは自らを火傷させることになるだろう）

---

267 Steve **doesn't have enough** money **to buy** *an* expensive car **of** *his* **own**.

（スティーブは，１台の高価な彼自身の車を買うのに足りるお金を持っていない）

---

268 Emma **went to** *the* airport **to meet** *her* husband, **and** Yui **to see hers off**.

（エマは彼女の夫を迎えに空港へ行った。そしてユイは彼女の夫を見送りに）

---

269 **It is** interesting **to compare** *the* manners **and** customs **of** Japanese people **with those of** Americans.

（日本人の風俗習慣をアメリカ人のそれと比べることは興味深い）

---

270 I **had never seen** *a* koala **before** I **saw one** in Australia last year.

（私はそれまでいつであるかを問わず１頭のコアラを見たことがなかった。私が去年
　オーストラリアで１頭見たより前は）

---

269 *the* manners **and** customs **of** Americans で同一の名詞句の反復を避けるために**代名詞**を用いて **those of** Americans とする。

ちなみに，**that of** ... の **that** は同じ用法の**単数**にあたる。

*cf.* *The* climate **of** Niigata **isn't as mild as that of** Shizuoka.
「新潟の気候は，静岡ほど穏やかではない」

270 初出で**不特定単数**の「コアラ」は，**肯定文**では話題に上ることによって**特定**するので，二度目のときは**特定単数**の **it** で受けるが，**否定文や疑問文**では話題には上っても**特定**しないので，二度目のときは**不特定単数**の **one** で受ける。

*cf.*(ⅰ) I saw *a* koala in Australia last year.　**It was bigger than** I **had expected**.
「私は去年オーストラリアでコアラを見たが，思っていたより大きかった」
（it = *the* koala I **saw** in Australia last year）
(ⅱ) "**Have you ever seen** *a* koala?" "**Yes**, I **saw one** in Australia last year."
「コアラを見たことはありますか」「はい，去年オーストラリアで見ました」

☑ 271 通学時の服装は，学校によってずいぶん違います。

---

☑ 272 いつも何かにかこつけて，やらずに済ませようとする人（男性）です。

---

☑ 273 ちょっと見たくらいでは，私たちには両者の区別はつきません。

---

☑ 274 私の教え子には，数学好きもいれば，そうでない者もいます。

---

☑ 275 4人の子どものうちで岡山に住んでいるのは1人だけで，ほかはみんな外国にいます。

**文法チェック**

271 one school が「多数の中のある1校」なら，another（= *another* school）は「残りの中の別の1校」にあたる。

*cf.* **What** you **have is** one thing, **and what** you **are is** quite another.
「財産と人格は，まったく別物である」

この文の理屈は，《人が持っているもの（＝財産）》はある1つのもの（one thing）であり，《人となり（＝人格）》は《まったく別の1つのもの（quite another)》である」，つまり，**What** you **have and what** you **are are** two quite **different** things. 「財産と人格は，2つのまったく異なるものである」ということになる。

272 「ある1つの」にあたる one の代わりに **some** を用いるときは，「別の1つ」にあたる another の代わりに通常は **other** を用いる。

*cf.* (i) He **was absent** for some **reason** or other. 「彼は何かの理由で欠席していた」
(ii) You **should apologize to** her in some **way** or other.
「あなたはあれこれ手を尽くして彼女に謝ったほうがいい」

**271** **What** students **wear to** school **varies** greatly **from** one school **to** another.

（生徒が学校へ着ていくものは，ある学校から別のある学校へと大きく変わる）

---

**272** He**'s always trying to get out of doing** things **on some pretext or other**.

（彼はいつも，ある口実，または別のある口実で物事をすることから逃れようとしてばかりいる）

---

**273** *A* mere glance **isn't enough for** us **to tell** one **from the other**.

（単なる一瞥は，私たちが一方を残るもう一方から区別するには足りない）

---

**274** **Some of** *my* students **like** math, **and** others **don't**.

（私の生徒たちの一部は数学が好きで，ほかの一部はそうではない）

---

**275** **Only one of** *my* four children **lives in** Okayama, **and all** the others abroad.

（私の4人の子どもたちのわずか1人が岡山に住んでいて，ほかの者たちの全員は外国に（住んでいる））

---

**273** 「2つのうちのどちらか1つ」が one という**不特定単数**なら，「残るもう1つ」が the other という**特定単数**であると考えることができる。

    *cf.*(ⅰ) I **don't like** *this* scarf. **Could** you **show** me another?
          「このスカーフは気に入らないわ。どれかほかのを1枚見せてくださる？」
          (another scarf → another)
      (ⅱ) I **don't like** *this* scarf. **Could** you **show** me the other?
          「このスカーフは気に入らないわ。もう1枚のほうを見せてくださる？」
          (the other scarf → the other)

**274** 「全体の中の一部」である**不特定複数**が some なら，「残りの中の一部」である**不特定複数**は others（または **some**）となる。

**275** 「4人の子どもたちのうちの1人を除くほかの3人」という**特定複数**が the others で，**all the others** は **all of the others** から of を省いたものにあたる。
    また，文全体は，**Only one of** *my* four children **lives** in Okayama, **and all** the others **live abroad**. から反復にあたる **live** を省いた形になる。

121

☑ 276 山田さんご夫妻は，子どもの養育のことでけんかが絶えません。

- - - - - - - - - - - - - - - - - - - - - - - - - - - - - - - - - - - - - - - - - - - - - - - - - - - - -

☑ 277 車を持っている人は多いが，通勤に使う人は少ない。

- - - - - - - - - - - - - - - - - - - - - - - - - - - - - - - - - - - - - - - - - - - - - - - - - - - - -

☑ 278 「京都にご滞在中は，あちらこちら行かれましたか？」
「はい，かなり多くのところへ参りました」

- - - - - - - - - - - - - - - - - - - - - - - - - - - - - - - - - - - - - - - - - - - - - - - - - - - - -

☑ 279 あの人（女性）はカラオケが大好きです。とはいっても，歌はあまり上手くありませんが。

- - - - - - - - - - - - - - - - - - - - - - - - - - - - - - - - - - - - - - - - - - - - - - - - - - - - -

☑ 280 私が入っている釣り同好会の現在の会員は，すべて男性です。

## 文法チェック

276　AとBの2者のうちでAから見てBが **the other** なら，Bから見てAも **the other** で，それぞれから見ると each other となって，これを相互代名詞と言う。
　　2者でなく3者以上の場合，本来は one another であるとしても，実際は2者の場合と区別なく **each other** を用いることが多い。

　　相互代名詞は他動詞や前置詞の目的語として用いるが，主語として用いることはない。また，*each other's* という所有格もある。

　　*cf.*(ⅰ) They **came to like** each other.
　　　　　「二人は互いに好意を抱くようになった」（他動詞の目的語）
　　　(ⅱ) *A* husband and *his* wife **should always respect** *each other's* opinions.
　　　　　「夫婦は常に互いの意見を尊重し合うべきである」（所有格）

277　「数が少なくてほとんど存在しない」という準否定の **few** と違って，**a few** は「数が少ないながらも存在する」という肯定ではあっても，これに準否定の **only** を加えて only a few とすると「数がほんのわずかしか存在しない」という準否定になる。ただし，ここは **them**（= *the* **many** people **who have** cars）という特定複数のうちの部分を表す代名詞として用いる。

276 Mr. and Mrs. Yamada **are always arguing with** each other **about how to raise** *their* children.
（山田夫妻は，いつも彼らの子どもたちをどう育てるかに関して言い争ってばかりいる）

---

277 Many people **have** cars, **but** only a few of them **use** them **to commute** to work.
（多くの人々が車を持っているが，彼らのうちのほんの少数が通勤するためにそれらを使う）

---

278 "**Did** you **visit many** places **while** you **were in** Kyoto?"
"**Yes,** quite a few."
（「あなたは京都にいた間，多くの場所を訪れたか」「はい，〈私は〉かなり多くのところを〈訪れた〉」）

---

279 She **loves** karaoke; she isn't much of *a* singer, **though**.
（彼女はカラオケを愛好している。とはいえ，彼女は歌い手の資質が多くない）

---

280 *The* present members of *the* anglers' club I **belong to are** all men.
（私が属している釣り人たちのクラブの現在の会員は，みんな男性である）

---

278 quite a few は「数がかなり多い」ことを表す**肯定**にあたるが，ここは，**Yes, (I visited) quite a few** (places). からカッコ内を除去した形で用いる。

279 **be not much of** *a* singer で「歌い手の資質が多くない」，つまり「歌があまり上手くない」ことを言うが，次のように **be something of** ... なら「…の資質が多少ある」となる。

   *cf.* She is something of *a* pianist **and plays at** parties sometimes.
   「彼女はけっこうピアノが上手くて，たまにパーティーで弾くことがある」

280 all は，ここでは主語の**同格**として**副詞的**に用いているが，次のように**特定複数**のうちの**部分**を表す**代名詞**として用いることもできる。

   *cf.*(i) **All (of)** the present members of *the* anglers' club I **belong to are** men.
     「私が入っている釣り同好会の現会員のすべてが男性です」
   (ii) **Most of** the present members of *the* anglers' club I **belong to are** men.
     「私が入っている釣り同好会の現会員のほとんどが男性です」
     (*The* present members of *the* anglers' club I **belong to are** mostly men.)

☑ [281] 事故が起きたのは，バスの乗客のほとんど全員が寝ているとき
だった。

- - - - - - - - - - - - - - - - - - - - - - - - - - - - - - - - - - - - - - - - - - - - - - - - - - - -

☑ [282] 私たちは，生徒がたくさん来ればいいと思っていたのですが，実
際は1人も来ませんでした。

- - - - - - - - - - - - - - - - - - - - - - - - - - - - - - - - - - - - - - - - - - - - - - - - - - - -

☑ [283] そのお年寄り（男性）は天涯孤独の身となって，世話をする人は
いませんでした。

- - - - - - - - - - - - - - - - - - - - - - - - - - - - - - - - - - - - - - - - - - - - - - - - - - - -

☑ [284] 1日の激務の後は，やっぱりゆっくりと入る熱い風呂に限る。

- - - - - - - - - - - - - - - - - - - - - - - - - - - - - - - - - - - - - - - - - - - - - - - - - - - -

☑ [285] あのコメディは面白くない。それどころか，ちっとも笑えない。


**文法チェック**

[281] almost が all を**修飾**し，almost all が *the* passengers **on** *the* bus という**特定複数**のうち
の部分を表す**代名詞**になる。

　このように，「of 以下のうちの**部分**」を表す代名詞が **all / almost all / both / half** であれば，
**of** のない形を用いることができるが，**of** の後が **us / you / them / it** のような**人称代名詞**
の場合はその限りではなく，その場合は，たとえば all you ではなく副詞的に you all とする。

　　*cf.* **I'll give** you all *a* chance.「君たちみんなにチャンスをあげます」
　　（○ all of you／× all you →○ you all）

[282] no students に代わる**代名詞**として none を用いるが，none は**人**だけではなく**物**にも，
しかも book のような**可算名詞**だけでなく wine のような**不可算名詞**の場合にも用いる。

　　*cf.* (i) "**Do you have any** objections **to** *the* plan?" "None **at all**."
　　　「その案に異論はありますか」「まったくありません」（← *No* objections **to** *the* plan）
　　 (ii) "**How much** gasoline **is there left in** *the* tank?" "None, **I'm afraid**."
　　　「ガソリンの残量はどれくらい？」「ぜんぜんないと思うよ」（← *No* gasoline）

281 Almost **all** *the* passengers **on** *the* bus **were** asleep **when** *the* accident **happened.**

(そのバスの乗客のうちのほとんどすべてが, その事故が起きたときは眠っていた)

---

282 We **had hoped many** students **would come, but** actually **none did.**

(私たちは, 多数の生徒が来るだろうことを願っていたが, 実際は1人も来なかった)

---

283 *The* old man **was left** alone, **with** no one **to take care of** him.

(その老人は独りきりにしておかれた, 彼を世話する人を誰も持たずに)

---

284 **There's** nothing **like** *a* long, hot bath **after** *a hard day's* work.

(つらい1日の仕事の後は, 一度の長い熱い入浴のような〈よい〉ものは何もない)

---

285 *That* comedy **isn't amusing; in fact,** it's anything but funny.

(あのコメディは面白くない。実際, それはまったく可笑しくない)

11 代名詞を使う表現

---

283 none が既出の特定種類の**人**の**数**や特定種類の**物**の**数量**が**ゼロ**であることを言うためのものであるのに対して, no one は nobody とともに, 種類を限定せずに「**人が誰もいない**」ことを言うために用いる。

   *cf.* Nobody **likes to have** *their* weaknesses **pointed out.**
   「自分の弱点を指摘されるのを好む人は誰もいない」

284 nothing は, 種類を問わず「**ものやことが何もない**」ことを言うために用いる。

   *cf.* (i) I **have** nothing to write about. 「私には書く**こと**が何もない」(題材)
      (ii) I **have** nothing to write with. 「私には書く**もの**が何もない」(筆記用具)

   また, 文末の *a hard day's* work は, hard が day を修飾し, *a* が hard day を限定し, *a* hard day の**所有格**にあたる *a hard day's* が**不可算名詞**の work を限定する関係。

285 anything but ... は「…を除いて何にでも該当する(が…で**だけは絶対にない**)」(but は except と同義の前置詞), つまり「**まったく…ない**」ということ。

125

☑ 286 1ヵ月半というのは，ビザの発給を待つ時間としてはけっこう長い。

---

☑ 287 **市立図書館は，駅から徒歩15分以内のところにあります。**

---

☑ 288 **娘は，私の袖をつかんで，どうしても放しませんでした。**

---

☑ 289 **幸い昨夜のコンサートは大盛況でした。**

---

☑ 290 **日本人は勤勉な国民であるとよく言われる。**

---

### 文法チェック

286 「1ヵ月半」は，*one and a half* **months**「1.5ヵ月」（「1.5」という「1」を上回る数を冠するので複数形）でも，また *a* **month** and *a* half「1ヵ月と半月」でも，時間としては単一なので三人称単数として扱うことに変わりはない。

287 **不定冠詞 *a* と所有形容詞 *my* を重ねて *a my* friend とは言えない**（正しくは *a* [friend of mine]）ように，「15分の徒歩」は，**不定冠詞を伴うときは *a fifteen minutes'* walk とすることはできない**ので，ここは *a* [five-year-old **boy**]「1人の5歳の男子」の形に倣って *a* [fifteen-minute **walk**] とするが，次のように *a* を伴わないときは *fifteen minutes'* を用いるのに支障はない。

> *cf. The* city library **is** *less than fifteen minutes'* walk **from** the station.

288 私の娘が意識する対象は「私の袖」ではなく「私」なので，*my* sleeve ではなく me を目的語とし，「袖」については**手段**として by *the* sleeve を追加する形を用いる。

> *cf.* (i) She **looked** him **in** *the* eye.「彼女は**彼の目をじっと見た**」
> (ii) He **tapped** me **on** *the* shoulder.「彼は**私の肩をポンとたたいた**」

**286**　*One and a half* **months is** quite *a* long time **to have to wait for** *a* visa.
（1.5 ヵ月は，1 つのビザを待たなくてはいけないかなり長い時間である）

----------------------------------------

**287**　*The* city library **is within** *a* fifteen-minute **walk of** *the* station.
（その市立図書館は，その駅の徒歩 15 分の距離内にある）

----------------------------------------

**288**　*My* daughter **held** me **by** *the* sleeve **and wouldn't let** me **go.**
（私の娘は私を袖でつかみ，私を行かせてくれる意志がなかった）

----------------------------------------

**289**　**It was** fortunate **that** there was *a* large **audience at** *the* concert last night.
（昨夜そのコンサートには，多数の聴衆がいたのは幸いだった）

----------------------------------------

**290**　**It is** often **said that** *the* Japanese **are** *a* hardworking **people.**
（日本人は，1 つの勤勉な国民〈の集合〉であるとしばしば言われる）

----

**289**　単一のコンサート会場には，複数の人々から成る 1 個の集合として三人称単数の *an* **audience** が存在するが，それを構成する人数が多ければ集合としての規模が「大きい」ので *a* large **audience**，逆に人数が少なければ規模が「小さい」ので *a* small **audience** となる。

**290**　たとえば *The* rich **are not always** happy.「裕福な人が必ずしも幸せとはかぎらない」という文の主語である *The* rich が「rich という形容詞で表される人々の総称」で三人称複数にあたるのと同様に，ここでの *the* Japanese は「Japanese という形容詞で表される人々の総称」で三人称複数として扱う。

　　ただし，**主格補語**（SVC の C）は「勤勉な国民」という 1 つの集合なので *a* hardworking **people** という**単数形**になる。
　　「人（という個人）」は *a* **person**（単数）/ **people**（複数），そして「国民；民族（という集合）」は *a* **people**（単数）/ **peoples**（複数）と異なることに注意。

　　*cf.* (i) **There were** only a few people there.「そこには少数の**人**しかいなかった」
　　　 (ii) Asia **is** *the* home **of** *many* **peoples.**「アジアには多くの**民族**がいる」

☐ 291 アヤさんは，30分で戻ると言っておられましたが，まだ帰っていらっしゃいません。

---

☐ 292 君が今月末までに論文を書き終えてくれるとありがたい。

---

☐ 293 暑い夏の夜は，うちではエアコンをつけたままで寝ます。

---

☐ 294 昨日の午後，チサキさんと2人で新宿へ買い物に参りました。

---

☐ 295 私は近代美術に詳しくないので，絵の作者が誰なのかわかりません。

文法チェック

291 **in half** *an* hour は，本来は「〈**現在**から見て〉30分経てば」という意味を表すが，ここは「〈**said** が示す**過去**から見て〉30分経てば」にあたる。

　ちなみに，同じ30分でも，その時間にわたって継続することを述べるときには前置詞として **for** を用いる。

*cf.* We've **been waiting for** John <u>for</u> thirty minutes, **but** he **still hasn't come**.
「ジョンを30分待っているのですが，まだ来ないのです」

292 **by** ...「**…までに**」は，そのときまでに**完了する**ことを，そして **until** ... / **till** ...「**…まで**」は，そのときまで**継続する**ことを修飾する。
　また，同じ「**…まで**」でも「**どこまで**」という距離的な範囲にあたるときは **as far as** ... となる。

*cf.* (i) I'll **stay** here **until** five o'clock.「私は5時までここにいます」
(ii) We **took** *the* Shinkansen **as far as** Hiroshima, **where** we **transferred to** *a* regular line.「私たちは広島まで新幹線で行き，そこで在来線に乗り換えました」

291 Aya **said** she **would be back in half** *an* hour, **but** she still **hasn't** returned.
（アヤは，自分は半時間で戻るつもりであると言ったが，彼女は依然戻っていない）

---

292 I **hope** you'll **finish writing** *your* paper **by** *the* end **of** *this* month.
（私は，君が今月の終わりまでに君の論文を書き終わるだろうことを願う）

---

293 **On** hot summer nights we **sleep with** *the* air conditioner **on**.
（暑い夏の夜には，私たちはエアコンがついている〈という状況〉を持って眠る）

---

294 Chisaki and I **went shopping** in Shinjuku yesterday afternoon.
（チサキと私は，昨日の午後に新宿での買い物に行った）

---

295 I'm **not** familiar **with** modern art, **so** I **don't know who painted** *the* picture.
（私は近代美術に詳しくない。だから私は，誰がその絵を描いたかを知らない）

---

293 単に「夜間に」は **at** night でも，ここは「暑い夏の〈日の〉夜に」という「**日にち**」を示すために**前置詞**として **on** を用いる。
ただし，「日にち」ではなく「時代」にあたる days はその限りではない。

*cf.* **In** *the* days **before** *the* war, things **were** quite different.
「戦前の**時代**には，事態がまったく違っていた」（× **On** *the* days ...）

294 **go shopping in** ... で「…での買い物に行く」という考え方になる。

*cf.* Chisaki and I **went to** Shinjuku **to do** some **shopping** yesterday afternoon.
「昨日の午後，ちょっとした買い物をするためにチサキと新宿へ行きました」

295 **be familiar with** ... は「…をよく知っている」，それに対して **be familiar to** ... は「…によく知られている」。

*cf. The* story **is** familiar **to** them **all**.
「その話は，彼らみんなによく知られている」

☑ 296 試合は延長戦の末，無得点の引き分けに終わりました。

☑ 297 私は，誰か自分と考え方の違う人と意見交換をしたい。

☑ 298 私はいつもはエレベーターに乗らないで階段を歩いて上がっています。

☑ 299 ヨシオくん以外に 3 人の友だちもその大学に受かりました。

☑ 300 微熱があるのを別にすれば，オードリーの病気は大したことはないようです。

### 文法チェック

296 A result in B は「A は B という結果になる」，そして A result from B は「A という結果は B に起因する」。

cf. *The* accident resulted from *his* carelessness.
「事故は彼の不注意が原因だった」

297 exchange A with B は「A という交換対象を B という交換相手と交換する」，そして exchange A for B は「A という交換対象を B という交換対象と交換する」。

cf. "Can I exchange this for *a* larger one?" "Sure."
「これを大きいサイズのものと交換できますか」「いいですよ」

298 「〜しないで」は，instead of 〜ing「〜する代わりに」にあたるときと without 〜ing「〜することなしに」にあたるときがある。

cf. I left home without having breakfast because I didn't have much time left.
「あまり時間の余裕がなかったので，私は朝食を食べないで家を出ました」

296 *The* match **resulted in** *a* goalless draw **after** extra time.
（その対戦は，延長時間の後，得点なしの引き分けという結果になった）

---

297 I **want to** exchange opinions **with** *a* person **who has** *a* different way **of** thinking.
（私は，違う考え方を持っている人と意見を交換することを欲する）

---

298 I usually **walk up** *the* stairs **instead of** **taking** *the* elevator.
（私はふだん，エレベーターを使う代わりに階段を歩いて上がる）

---

299 **Besides** Yoshio, **three of** *his* friends **passed** *the* entrance exam **for** *the* university.
（ヨシオに加えて，彼の友だちのうちの 3 人がその大学の入試に合格した）

---

300 **Except for** *a* slight fever, Audrey **doesn't seem to be** very ill.
（微熱のせいで〈あること〉を除いて，オードリーは病気があまり重くないようである）

---

299 「…以外に」は，ここでは「…に加えて」にあたるので **besides** ... を用いるが，同じ「…以外に」でも「…を除いて」にあたるときは **except** ... を用いる。

    *cf.* (i) **No one** except Yoshio **passed** *the* entrance exam **for** *the* university.
       「ヨシオ以外に誰もその大学に受かりませんでした」（*No one* except [Yoshio]）
    (ii) **Everyone** except Yoshio **failed** *the* entrance exam **for** *the* university.
       「ヨシオ以外の全員がその大学に落ちました」（*Every*one except [Yoshio]）

300 Except [for *a* slight fever]「《微熱のせいで》を除いて」は，後続の文を修飾する。

    *cf.* (i) *My* father usually **gets up at** six except **on** Sundays.
       「父は日曜日は別として，いつもは 6 時に起床します」
       （except [on Sundays]「《日曜日に》を除いて」は**先行する文を修飾**）
    (ii) *My* father **gets up at** six *every* **day** except Sunday.
       「父は日曜日を除く毎日，6 時に起床します」
       （except [Sunday]「《日曜日》を除く」は「毎日」にあたる**語を修飾**するが，見た目は名詞の *every* day except Sunday でも文中では**副詞として働く**）

付録 英文法道場

## ① there is 構文

### (i) 場所の副詞節とともに

(a) **[Where] there is** *a* will, **there is** *a* way.
「意志があるところには道がある」（精神一到何事か成らざらん）
（⇒ 165 文法チェック）

*a* will も *a* way も**聞き手にとって未知で不特定**なので，**新情報**としてそれぞれ **there is** の後で言う。

*cf. The* book **was not** [**where**] she **had said** it **would be**.
「本は，彼女があるだろうと言っていたところにはなかった」

*the* book も it（= *the* book）も**聞き手にとって既知で特定している**ので，**旧情報**としてそれぞれの**文頭**で言う。

(b) **[Where]** *the* convenience store **is** now, **there used to be** *a* bookstore.
「今コンビニがあるところに，昔は書店があった」

*the* convenience store は**聞き手にとって既知で特定している**ので**旧情報**として**文頭**で言うが，*a* bookstore は**聞き手にとって未知で不特定**なので**新情報**として **there used to be** の後で言う。

### (ii) 準動詞として

(c) I **don't want there to be any** misunderstandings **between** us.
「私たちの間にはいかなる誤解もあっては困る」
（SVOC の OC となる **to 不定詞句**）

(d) I **never dreamed of there being** such *a* quiet place **in** *this* noisy city.
「この騒々しい都会にこんなに静かな場所があるとは夢にも思わなかった」
（前置詞の目的語となる**動名詞句**）

(e) **There being no** bus service, they **had to take** *a* taxi.
「バスの便がなかったので，彼らはタクシーに乗らざるを得なかった」
（**分詞構文**として後続の動詞を修飾する**現在分詞句**）

## ② 4つの知覚構文

(a)(ⅰ) I **saw** him **slip** **on** *a* banana peel just now.
「私はたった今，彼がバナナの皮に足を滑らせるのを見ました」

(ⅱ) "Didn't you **hear** me **say** 'Stop'?"
"No, I **didn't**."
「私が『止まれ』と言うのが聞こえなかったのか」
「はい，聞こえませんでした」(⇒ 040 文法チェック)
(「OがCする」という能動態で表される動作の全体を知覚)

(b)(ⅰ) **On** *my* way **to** school *this* morning, I **saw** him **waiting** **for** *the* bus.
「今朝学校へ行く途中で，私は彼がバスを待っているのを見ました」
(⇒ 041 文法チェック)

(ⅱ) I **could see** *a* hawk **flying** high **in** *the* sky.
「私の目には，1羽のタカが空高く飛んでいるのが見えていました」
(「OがCしている」という能動態で表される動作の途中の状態にあたる一部を知覚)

(c) I **was** almost asleep **when** I **heard** *my* name **called**.
「うとうとしていたら，私の名前が呼ばれるのが聞こえました」(⇒ 042)
(「OがCされる」という受動態で表される動作の全体を知覚)

(d) **As** I **was passing** *the* front gate, I **could hear** *my* name **being called**.
「私が正門を通過中に，私の名前が呼ばれているのが聞こえていました」
(「OがCされている」という受動態で表される動作の途中の状態にあたる一部を知覚)

　知覚構文には**進行形**は用いないが，**知覚動詞**に **can** や **could** を伴うときは，それぞれ**現在進行形**や**過去進行形**にあたる意味を有するので，後続の OC も進行形にふさわしいように，(b)「OがCしている」という能動態で表される動作の途中の状態にあたる一部を知覚する形（Cが 〜ing），または(d)「OがCされている」という受動態で表される動作の途中の状態にあたる一部を知覚する形（Cが **being p.p.**）になるのが必須。

　ただし，「**逆は必ずしも真ならず**」で，(b)（Cが 〜ing）や(d)（Cが **being p.p.**）の形だからといって，**知覚動詞**に必ず **can** や **could** を伴わなくてはいけないわけではない。

付録 英文法道場

## ③ ever と never

(a) **"Have** you **ever been to** Hawaii?" **"No**, I **never have."**
「(今までに) ハワイへ行ったことはありますか」「いいえ，ありません」(⇒ 062 )

　「現在まで，つまり《今まで》の経験」を表す**現在完了**ゆえの「**今までに**」であって，**ever** が「今までに」の意味を有するわけではない。

**ever** ( = **at** *any* time)「**いつであるかを問わず**」
**never** ( = **not** ... **at** *any* time)「**いつであるかを問わず…ない**」

*cf.* I **have been to** Hawaii twice. ( × I **have ever been to** Hawaii twice.)
「私は (今までに) ２回ハワイへ行ったことがあります」

　(具体的に「いつのことであるか」を**話し手が知っていて述べる**) **肯定文**では「**いつであるかを問わず**」にあたる **ever** を用いる理由がない。

(b) **"Do** you **ever read** mystery novels?" **"Yes**, I **do**. I **read one** several days **ago."**
「(**ふだんいつであるかを問わず**) 推理小説を読んだりなさいますか」
「はい，何日か前に１つ読みました」

(c) **If** you **ever come to** Tokyo, **be sure to visit** us.
「(**今後いつであるかを問わず**) 東京に来られることがあれば，ぜひ私どもをお訪ねください」

(d) This **is** *the* **coldest** winter I've **ever** experienced.
「こんなに寒い冬を私は今まで経験したことがありません (←これは私が (生まれてから) **今までの**いつであるかを問わず経験した最も寒い冬である)」
(⇒ 225 文法チェック)

　　*cf.* This **is** *the* **coldest** winter I've experienced in *the* past ten years.
　　「こんなに寒い冬を経験するのは私には 10 年ぶりです (←これは直近の 10 年で私が経験した最も寒い冬である)」(⇒ 225 )
　　(直近の 10 年だけに絞っていて「(生まれてこの方，現在の時点に至るまでのすべての時間にわたって) **いつであるかを問わず**」にはあたらないので **ever** の使用は不可)

〈和文英訳〉

(1) こんなに美しい夕日（sunset）は見たことがありません。

→ This _____.

(2) こんなにいい天気は数ヵ月ぶりです。

→ This _____ had in months.

---

〈正解〉

(1) 〈This〉**is** *the* **most beautiful** sunset I've **ever seen**.

（これは，私が**いつであるかを問わず**今までに見た最も美しい夕日である）

(2) 〈This〉**is** *the* **best** weather we've 〈**had in** months.〉

（これは，我々が今までの数ヵ月間で経験した最もよい天気である）

---

(e) I've **never played** golf before.

「私は以前（**今までの**いつであるかを問わず）ゴルフをしたことがない」

    *cf.* (i) I **haven't played** golf **since** *the* end **of** last year.

      「私は去年の暮れからゴルフをしていない」

      (ii) I **haven't played** golf **for** about three years.

      「私は3年ほどゴルフをしていない」

        **since** *the* end **of** last year「去年の暮れから（現時点まで）」や **for** about three years「（現時点までの）約3年間」によって時間を一部に絞っていて「（生まれてこの方すべての時間にわたって）**いつであるかを問わず…ない**」にはあたらないので I've **never played** golf .... は不可。

    (iii) **Not having seen** him **for** about twenty years, I **failed to recognize** him **at first**.

      「20年ほど姿を見ていなかったので，最初は当人だとわからなかった」

      （⇒ 136 ）

      （その時点までの20年ほどに時間を絞っていて「（生まれてこの方すべての時間にわたって）**いつであるかを問わず…ない**」にはあたらないので **Never having seen** him **for** about twenty years は不可）

(1)**準否定語**を同系列の 否定語 に置き換え, (2)その 否定語 を **not** + α と分解すれば, この α こそが **if** の後にくる語にほかならない。

(1) **準否定語** → 否定語 / (2) 否定語 = **not** + α ⇒ **準否定語, if** α, ... .

(a) He **has** little, **if** any, interest **in** international politics.
「彼は国際政治に関心が, たとえあるとしても少ない」

   (1) little interest（準否定）→ no interest（否定）

     (He **has** no interest **in** ... .)

   (2) no interest = **not** + any interest ⇒ He has little, **if** any, interest **in** ... .

(b) **Few of** them, **if** any, **could have survived** *the* huge fire.
「彼らの中で, その大火に遭って生き残った者は, たとえいたとしても少なかっただろう」

   (1) **Few of** them（準否定）→ None **of** them（否定）

     (None **of** them **could have survived** ... .)

   (2) None **of** them = Not + any **of** them ⇒ **Few of** them, **if** any, ... .

(c) *The* greatness **in** people **has** little, **if** anything, **to do with** status or power.
「人間の偉大さは, 地位や権力と関係がたとえあるとしても少ない」

   (1) little（準否定）→ nothing（否定）

     (... **has** nothing **to do with** status or power.)

   (2) nothing = not + anything ⇒ ... **has** little, **if** anything, **to do with** status or power.

(d) He seldom, **if** ever, **calls** *his* mother **in** Kyoto.
「彼は京都の母親に電話することが, たとえあるとしても少ない」

   (1) seldom（準否定）→ never（否定）

     (He never **calls** *his* mother ... .)

   (2) never = not + ever ⇒ He seldom, **if** ever, **calls** *his* mother ... .

## ⑤ クジラ構文

(a)(i) *A* whale **is** no more *a* fish **than** *a* horse **is**.

*A* whale **is** not *a* fish any more than *a* horse **is**.

「クジラが魚でないのは，馬が魚でないのと同じである」

*A* whale **is** *a* fish.「クジラは魚である」は，*A* horse **is** (*a* fish).「馬は魚である」という誰もが否定することと比べて優るところがまったくなく（no more ... than / not ... any more than）て同じく否定されるので，「馬が魚でないのと同様に，クジラは魚ではない」，または逆に「クジラが魚でないのは，馬が魚でないのと同じである」となる。

(ii) *A* whale **is** no less *a* mammal **than** *a* horse is.

「クジラが哺乳類であるのは，馬が哺乳類であるのと同じである」

*A* whale **is** *a* mammal.「クジラは哺乳類である」は，*A* horse **is** (*a* mammal).「馬は哺乳類である」という誰もが肯定することと比べて劣るところがまったくなく（no less ... than）て同じく肯定されるので，「馬が哺乳類であるのと同様に，クジラは哺乳類である」，または逆に「クジラが哺乳類であるのは，馬が哺乳類であるのと同じである」となる。

(b)(i) *An* eel **is** no more *a* snake **than** *a* carp **is**.

「ウナギがヘビでないのは，コイがヘビでないのと同じである」

(ii) *An* eel **is** no less *a* fish **than** *a* carp **is**.

「ウナギが魚であるのは，コイが魚であるのと同じである」

(c)(i) *A* bat **is** not *a* bird any more than *a* rat **is**.

「コウモリが鳥でないのは，ネズミが鳥でないのと同じである」

(ii) *A* bat **is** no less *a* mammal **than** *a* rat **is**.

「コウモリが哺乳類であるのは，ネズミが哺乳類であるのと同じである」

(d) Work **is** not, any more than play, *the* only object **of** life.

(← Work **is** not *the* only object **of** life any more than play (**is**).)

「仕事は，遊びと同様に，人生の唯一の目的ではない」

付録　英文法道場

139

(e) I **can** no more **play** *the* violin **than** *a* baby **can**.
「私がバイオリンを弾けないのは，赤ん坊と変わりがない」

　　**I can play** *the* violin. 「私はバイオリンが弾ける」は，*A* baby **can** (**play** *the* violin).
「赤ん坊はバイオリンが弾ける」という**誰もが否定**することと比べて<u>優るところがまっ
たくなく</u> (no more … than / not … any more than) て同じく**否定**される。

(f) Motivation **is** no less **important** than natural ability **in** anything you **do**.
「何をするにせよ，動機づけは生来の能力と同様に大切である」

　　motivation は，「大切である」と**誰もが肯定**する natural ability と比べて<u>劣るところ
がまったくなく</u> (no less … than) て同じく「大切である」。

(g)(i) *The* island **is so** small **that it takes** no more than two hours **to drive around** it.
「その島はすごく狭いので，車で一周するのに 2 時間しかかからない」

　　「量の点で少ない 2 時間」と比べて<u>優るところがまったくなく</u> (no more than
two hours) て「<u>わずか 2 時間</u> (= only two hours)」。

(ii) *My* uncle **has** no fewer than ten houses, **and all of** them **are let at** very high
rents.
「伯父は家を 10 軒も所有していて，すべてをすごく高い家賃で貸している」

　　「数の点で多い 10 軒の家」と比べて<u>劣るところがまったくなく</u> (no fewer than
ten houses) て「<u>10 軒もの家</u> (= as many as ten houses)」。

(iii) No less than three thousand dollars **was needed for** *the* work.
「その仕事には 3,000 ドルも必要だった」

　　「量の点で多い 3,000 ドル」と比べて<u>劣るところがまったくなく</u> (no less than
3,000 dollars) て「3,000 ドルものお金 (= as much as 3,000 dollars)」。

## 6 I don't think so. / I think not. / I hope not. / I'm afraid not.

(a)( i )  "**Do** you **think it will rain** today?" "**I don't think** so."

( ii )  "**Do** you **think it will rain** today?" "**I think** not."

「今日雨が降ると思いますか」「降らないと思います」

(so = (that) it will rain today / not = (that) it will not rain today)

**I don't think** so. では，**not** が **think** ではなく **so** を**否定**すると考えられるが，これは **I don't believe** so.（または **I believe** not.）や **I don't suppose** so.（または **I suppose** not.）についても同様。

(b)  "**Do** you **think it will rain** today?" "**I hope** not."

「今日雨が降ると思いますか」「降らないといいですね」

(not = (that) it will not rain today)

(× **I don't hope** so.)

(c)  "**Do** you **think it will rain** today?" "**I'm afraid** not."

「今日雨が降ると思いますか」「あいにく降らないと思います」

(not = (that) it will not rain today)

(× **I'm not afraid** so.)

---

〈4択〉

"He drives much too fast.  Someday he'll have a terrible accident." "Oh, (     )."

    A.  I don't hope so.　　　　B.  I hope not.

    C.  I'm afraid not　　　　　D.  I'm not afraid so

---

〈考え方〉　I **hope** that someday he **will** not **have** a terrible accident. → I **hope** not. で「そうならないことを**願う**」であって，**I'm afraid** not.「そうならないことを**残念に思う**」ではない。

〈正解〉　　B

〈完成文〉　"He **drives** much too fast.  Someday he**'ll have** a terrible accident." "Oh, I **hope** not." 「彼の運転はあまりにもスピードを出しすぎる。そのうちひどい事故を起こすだろうな」「ああ，そうならないといいな」

141

## ⑦ Do you know 疑問詞 ...? （↗） / 疑問詞 do you think ...? （↘）

(a) **Do you know where** he **lives?** （↗）
「彼がどこに住んでいるかご存知ですか」
（「知っている」かどうかの問いなので，**Do you know** から始める一般疑問）

(b) **Where** do you think he **lives?** （↘）
「彼はどこに住んでいると思いますか」
（「どこに」であるかの問いなので，疑問詞 **Where** から始める**特殊疑問**）

ただし，「言いましたか」や「言ったか」にあたる **did** somebody **say?** の場合は，次のように「か」（yes か no かの応答に繋がる一般疑問）のタイプと「と」（疑問詞から始める**特殊疑問**）のタイプがあり得る。

(c)(i) "**Did** he **say where** he **had bought** *his* watch?" （↗） "**No**, he **didn't.**"
「彼は時計をどこで買ったか言いましたか」「いいえ，言いませんでした」

(ii) "**Did** he **say where** he **had bought** *his* watch?" （↗）
"**Yes**, he **said** he **had bought** it **in** Hong Kong."
「彼は時計をどこで買ったか言いましたか」「はい，香港で買ったと言っていました」

(d) "**Where** did he **say** he **had bought** *his* watch?" （↘）
"He **said** he **had bought** it **in** Hong Kong."
「彼は時計をどこで買ったと言いましたか」「香港で買ったと言っていました」

*cf.* (i) **How** do you know **there is going to be** *a* party?
「パーティーがあることをどうして知っているのですか」
（× **Do** you **know** how there is going to be *a* party?）

**How** は **know** を修飾する副詞であって，**know** の目的語となる **(that) there is going to be** *a* party という節の一部ではない。次の例も同タイプ。

(ii) **How** did you **know that** Kazue **is** married?
「カズエさんが結婚していることが，どうしてわかったんですか」
（⇒ 080 文法チェック）

## ⑧ 代名詞：one と it

(a)(i) I **saw** *a* koala **in** Australia last year. **It was bigger than** I **had expected**.
「私は去年オーストラリアでコアラを見たが，思っていたより大きかった」
(⇒ 270 文法チェック)

　肯定文で最初に話題に上る**不特定単数**の *a* koala は，実際に見たことによって**特定**するので，二度目のときは**特定単数**の **it** ( = *the* koala I **saw in** Australia last year) で受ける。

(ii) I **had never seen** *a* koala **before** I **saw one** in Australia last year.
「私は去年オーストラリアで見るまでコアラを見たことがありませんでした」
(⇒ 270 )

　否定文で最初に話題に上る**不特定単数**の *a* koala は，実際には見ていないので**特定**されることはなく，したがって二度目のときは**不特定単数**の **one** ( = *a* koala) で受ける。

(iii) "**Have** you **ever seen** *a* koala?" "**Yes**, I **saw one** in Australia last year."
「コアラを見たことはありますか」「はい，去年オーストラリアで見ました」
(⇒ 270 文法チェック)

　疑問文で最初に話題に上る**不特定単数**の *a* koala は，「見たことがあるか」と訊いているだけで「実際に見た」と言っているわけではないので**特定**されることはなく，したがって二度目のときは**不特定単数**の **one** ( = *a* koala) で受ける。

(b)(i) I **don't have** *a* dictionary; **if** I **did**, of course I'**d lend it to** you.
「辞書がないんです。もしあればもちろん貸してあげるんですが」

　否定文で最初に話題に上る**不特定単数**の *a* dictionary でも，「貸す」のは **if** I **did** ( = **if** I **had one**) によって「持っている」と仮定される**特定**の辞書なので**特定単数**の **it** で受ける。

(ii) **If** you **need** *a* dictionary, I'**ll lend** you **one**.
「もし辞書が必要なら貸してあげます」

　「貸す」のは *a* dictionary という**不特定単数**の辞書なので **one** で受ける。

付録　英文法道場

## 9 代名詞：nothing / nobody / no one / none

(a)(i) I **have nothing to write about**.
　　　「私には書く<u>こと</u>が何もない」（題材）

　(ii) I **have nothing to write with**.
　　　「私には書く<u>もの</u>が何もない」（筆記用具）（⇒ 284 文法チェック）


(b)(i) **Nobody likes to have** *their* weaknesses **pointed out**.
　　　「自分の弱点を指摘されるのを好む<u>人</u>は誰もいない」（⇒ 283 文法チェック）

　(ii) *The* old man **was left alone, with** no one **to take care of** him.
　　　「そのお年寄りは天涯孤独の身となって，世話をする<u>人</u>は誰もいませんでした」
　　　（⇒ 283 ）


(c)(i) "**How many** students **came?**" "**None did.**"
　　　「何人の生徒が来たんですか」「（<u>生徒</u>は）誰も来ませんでした」
　　　（**None ← No** students，つまり students に限定して<u>数</u>がゼロ）

　　　*cf.* **Everyone knows that** Bill **is second to** none **in** math.
　　　　「ビルほど数学ができる<u>者</u>は誰もいないことをみんな知っている」
　　　　（たとえば none ← no student）

　　　　「誰が相手でも 2 番ではない」とは，「誰にも引けを取らない」，つまり「最
　　　　優秀である」ことを言う。


　(ii) "**Do** you **have any** objections **to** *the* plan?" "**None at all.**"
　　　「その案に異論はありますか」
　　　「（**その案に対する異論は**）**まったくありません**」（⇒ 282 文法チェック）
　　　（**None ← No** objections **to** *the* plan，つまり objections **to** *the* plan に限定して<u>数</u>
　　　がゼロ）


　(iii) "**How much** gasoline **is there left in** *the* tank?" "**None, I'm afraid.**"
　　　「ガソリンの残量はどれくらい？」
　　　「ぜんぜん（ガソリンは）ないと思うよ」（⇒ 282 文法チェック）
　　　（**None ← No** gasoline，つまり gasoline に限定して<u>量</u>がゼロ）

## ⑩ 前置詞 except

### (i) 語修飾

(a) **Nobody** except [me] **passed** *the* driving test yesterday.
「私以外の誰も昨日の運転免許の試験に受からなかった」
(except [me]「《私》を除く」は **Nobody** という語を修飾)

(b) I **know nothing about** her except [**that** she **is** *a* schoolteacher].
「私は彼女に関しては，学校の先生であること以外に何も知らない」
(except [**that** ...]「《…》を除く」は **nothing** という語を修飾)

### (ii) 文修飾

(c) Except [for a few spelling mistakes], *your* essay **is** perfect.
「多少の綴りの誤りがあるのを別にすれば，君の作文は完璧です」
(Except [for ...]「《…のせいである》のを除いて」は後続の文を修飾)

(d) He usually **cycles to** school except [on rainy days].
「雨天の日は別として，彼はいつも自転車で通学している」
(except [on rainy days]「《雨天の日に》を除いて」は先行する文を修飾)

(e) *That* virus **cannot be seen** except [with *an* electron microscope].
「そのウイルスは，電子顕微鏡を使わないかぎり見ることができない」
(except [with ...]「《…を使って》を除いて」は先行する文を修飾)

(f) He **refused to communicate with** me except [through *his* solicitor].
「彼は弁護士を通してでないかぎり，私と話すのを拒否した」
(except [through ...]「《…を通して》を除いて」は先行する文を修飾)

(g) Smoking **is not allowed on** *this* train except [in *the* designated smoking rooms].
「この列車は全席禁煙です。お煙草を吸われるお客様は喫煙ルームをご利用ください」
(except [in ...]「《…で》を除いて」は先行する文を修飾)（原則禁煙になる前の新幹線の車内放送）

(h) *My* son **never calls** me except [when he **is in** trouble].
「息子は，困ったときでないかぎり私に電話してくることはない」
(except [when ...]「《…ときに》を除いて」は先行する文を修飾)

英語索引

# 英　語　索　引

※下記の数字は例文の番号を示しています。

## A

a friend of mine 059, 089
a large audience 289
a little + 比較級 099
a lot of 096, 151, 179, 190, 233
a ... of one's own 267
a ... people 290
a rumor that ...（同格） 183
according to ... 016
advise somebody not to ～ 028
after（接続詞） 251
after all 111
ago 050, 105
agree to ～ 111
all（副詞的に） 280
all day 026
all night 160
all one's life 006
all (of) ... 275, 280
all the 比較級 232
all things considered 140
all you have to do is (to) ～ 117
almost all (of) ... 281
almost every ... 033
amusing 285
another 273
anything but ... 285
apologize (to somebody) (for something) 005
apply for ... 087
appreciate 018
argue about ... 251, 276
argue with somebody 276
as（接続詞） 043, 149, 150, 166
as far as ...「…まで」 292
as far as SV ... 164
as if 088, 089
as long as SV ... 163
as many as + 数 052
as much ... as 211
as much ... as possible 211
as soon as 071
as to ... 176
ask somebody to ～ 025
at first 136
at least 094, 212
at one time 163, 175
at one's earliest convenience 018
attempt to ～ 023
avoid ～ing 121

## B

be + 場所の副詞 001
be able to ～ 099
be always ～ing 055, 272, 276
be angry with somebody 246
be asleep 042, 281
be away 113
be being + 形容詞 053
be busy ～ing 129
be careful not to ～ 122
be careful with ... 163
be eager to ～ 232
be familiar to ... 295
be familiar with ... 295
be going to ～ 016, 183
be hard to ～ 127
be in one's twenties 062, 098, 110
be in time for ... 146
be injured 045
be killed 045
be late for ... 218
be less than fifteen minutes' walk from ... 287
be made to ～ 048
be married 068, 080
be not much of ... 279
be seen ～ing 049
be seen to ～ 049
be something of ... 279
be used to ～ing 120

英語的発想の日本語をヒントにして覚える

# 英作文 基本300選 〈5訂版〉

| | |
|---|---|
| 著　　　者 | 飯　田　康　夫 |
| 発　行　者 | 山　﨑　良　子 |
| 印刷・製本 | 株式会社日本制作センター |
| 発　行　所 | 駿 台 文 庫 株 式 会 社 |

〒 101 - 0062　東京都千代田区神田駿河台 1 - 7 - 4
小畑ビル内
TEL. 編集 03(5259)3302
販売 03(5259)3301
《5訂版① － 160pp.》

ISBN978 - 4 - 7961 - 1157 - 7　　　　Printed in Japan

駿台文庫 Web サイト
https://www.sundaibunko.jp